东辽县人民检察院/编

东辽县
检察志

中国检察出版社

东辽县人民检察院现址：东辽县白泉镇东辽大街 24 号

《东辽县检察志》编纂委员会

主　任　高东民

副主任　邹仁贵　戴　君　赵铁汉　王路林　马金刚　李秀林

编　委　（按姓名笔划为序）

马广武　王　斌　史海清　孙善凯　李四清　李铁平

刘彦伯　刘景昌　宋　军　初　一　时玉环　邹彩霞

杨永军　周学敏　高德录　菅光元　曹为民

《东辽县检察志》编纂人员

主　编　刘景昌

副主编　戴　君　初　一

执行主编　刘彦伯

撰稿人　刘彦伯　刘景昌

图　片　肖　飞　纪连生

统　编　刘彦伯　戴　君　初　一　肖　飞

序　言

　　编史修志是中华民族的历史传统。伴随着中国检察事业的恢复建立与发展，1984年恢复组建东辽县人民检察院以来，东辽检察事业已经走过了30个春秋。《东辽县检察志》（1984—2014）全面真实地再现了东辽县检察院恢复重建、发展壮大所走过的风雨历程，必将起到彪炳东检历史，传承检察事业，编修工作业绩，教育检察后人的作用。

　　恢复建院以来，东辽县检察院在县委和上级检察机关的正确领导下，坚持党的领导，自觉接受人大及其常委会的监督和社会各界监督，检察业务、检察机关建设以及各项工作取得了历史性的发展。荣获了全国先进基层检察院、全国精神文明建设先进单位、吉林省先进基层党组织等各种荣誉称号近200个，检察文化建设和规范化建设走在了全国检察系统前列。

恢复建院以来，东辽检察事业与祖国共命运、与中国特色社会主义事业同发展、与实现中华民族伟大复兴的中国梦共辉煌，历经30年东辽检察人艰苦奋斗、积极探索，更有新一代检察官传承创新、奋勇开拓。《东辽县检察志》，尊重历史原貌，秉笔直书实践，作为以史为鉴的生动教材，将在东辽检察事业发展中发挥不可替代的作用，为推动全院工作在新的历史时期继往开来，再创辉煌，谱写浓墨重彩的华章。东辽检察人恪尽职守、无私奉献的奋斗历程必将永载史册！

检察长 高东民

2015年7月

目录

目 录

目 录

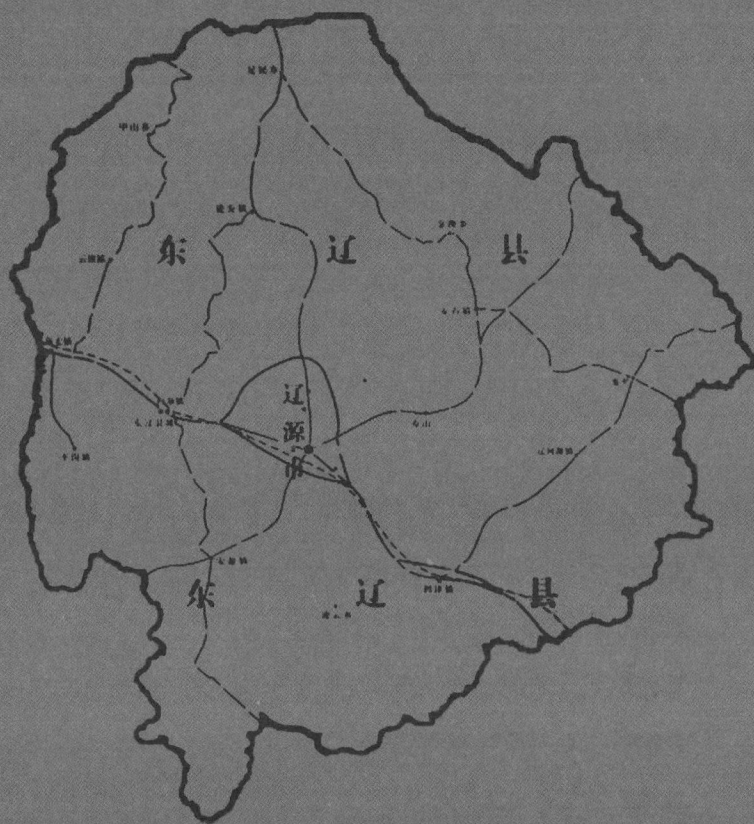

东 辽 县 检 察 志

DONGLIAO XIAN JIANCHA ZHI

概　　述

　　1983年8月，经国务院批准撤销原四平地区，辽源市升格为地级市，东辽县划归辽源市管辖。同年10月3日，恢复东辽县建制。1984年3月12日，恢复组建东辽县人民检察院。

　　东辽县检察院恢复重建以来，检察机关忠实履行法律职能，加大法律监督力度，在刑事检察方面，依法打击各类犯罪，维护社会稳定；在查办职务犯罪方面，坚持惩治和预防相结合，积极推动反腐倡廉建设；在诉讼监督方面依法履行立案、侦查、审判、执行监督和民事行政监督，为构建社会主义和谐社会提供强有力的司法保障。至1986年，在全国范围历时三年半的严厉打击严重刑事犯罪活动斗争中，东辽县检察院同公安和法院统一行动，积极投入到打击刑事犯罪的斗争中，重点打击那些杀人犯、抢劫犯、强奸犯、放火犯以及犯罪集团的首要分子等，有力地发挥了检察机关的职能作用，给犯罪分子以沉重的打击。

　　80年代后期至90年代，根据中共中央和省委关于惩治腐败的指示，东辽县检察院加大打击严重经济犯罪的力度，重点查处大、要案，1988年8月8日，经中共东辽县委批准，东辽县检察院建立了经济罪案举报站，受理人民群众的举报并破获贪污、受贿等经济犯罪案件数量大幅度上升。1993年，根据上级院的规定和打击贪污、受贿等经济犯罪斗争的实际情况，建立了东辽县人民检察院反贪污贿赂局，专司查办和预防贪污贿赂犯罪的工作。此后，根据中央、省委和上级院的指示，重点查处发生在党政领导机关、行政执法机关、司法机关和经济管理部门的贪污、受贿等经济犯罪案件，以及发生在金融、证券、期货、房地产、基建等经济热点部门中的经济犯罪案件。1996年3月28日，根据吉林省人民检察院、吉林省税务局吉检[1984]127号文件精神，经请示中共辽源市人民检察院党组同意，成立了东辽县人民检察院地方税务检察室。主要任务是查处偷税、抗税犯罪案件，维护国家的税收法制。先后开展打击不法个体户偷税、无证经营者偷税、假借集体企业名义进行偷税、法人偷税、使用假发票偷税、利用增值税发票偷税骗税等涉税犯罪的查处工作。办理了一些比较有影响的涉税犯罪案件。查处由涉税犯罪引发出来的贪污、受贿等经济罪案。在此基础上，经请示县委和上级院同意，又陆续在县农业局、农业银行、审计局、供销社、白泉镇、金岗镇、渭津镇分别设立了7个派驻检察室。检察工作在这些领域和部门发挥了重要作用。

90年代后期，随着《中华人民共和国行政诉讼法》和《中华人民共和国民事诉讼法》的颁布实施，东辽县检察院建立民事行政检察机构，对行政诉讼和人民法院的民事审判活动实行法律监督。受理不服法院生效的民事、经济、行政裁判的申诉，经审查认为法院裁判有错误的，依法向法院提出抗诉。通过办案发现并查处民事行政审判人员贪污受贿和枉法裁判，遏制司法工作中的腐败现象。对申诉无理的当事人做息诉工作，维护社会的稳定。这期间，按照上级院的要求，实施了人民监督员制度，重点对拟作撤案、不起诉处理和犯罪嫌疑人不服逮捕决定的职务犯罪案件进行监督。同时，就如何对检察机关查办职务犯罪工作中该立案不立案或立案不当，违法搜查、扣押等五种情形加强监督，取得了较好的效果。开展了聘请民主党派、无党派人士和其他业界人士担任特约检察员、检风检纪监督员工作。他们在专题调研、专项执法检查、有关案件讨论、传递信访材料、监督检察工作和检察干警等项工作中发挥了应有作用。

1998—2002年，根据省委办公厅和省院规定，进行了两次检察机构改革。按照"精简、统一、效能"和强化法律监督职能的原则，理顺机构关系，充实办案力量，合理设置机构，精简行政管理和后勤服务部门，调整人员结构，提高干警素质和工作效率，建立和完善与社会主义市场经济体制相适应的检察体制。检察机构改革后，院政法专项编制达到49名，机关工勤、事业编制6名，领导职数一正四副（含反贪局长和政治处主任），内设9个科室。同时，根据上级院的要求，撤销了所有派驻检察室，派驻的各检察室人员全部撤回。

进入20世纪，东辽县检察院紧密围绕全县中心工作，以科学发展观为统领，以社会主义法治理念为指导，以党建和检察文化引领队伍建设，以标准化建设促进公正司法，以素能建设提升法律监督能力，全面履行检察职能，检察工作和检察事业步入了科学和快速发展的轨道。

维护社会稳定，依法履行检察职能。2005年以来，所办理的全部案件无一例赔偿、无一例上访；恢复建院以来无违法、违纪记录发生；办理立案监督的案件、追捕的犯罪嫌疑人、追诉的犯罪嫌疑人，法院全部做出有罪判决；预防职务犯罪、法律监督、社区矫正等其他业务工作都取得了良好效果。为维护东辽社会和谐稳定做出了积极贡献。

服务党政工作大局，推进社会管理创新。先后制发了《关于履行检察职能服务东辽和谐社会建设的若干意见》、《东辽县人民检察院关于服务东辽新农村建设的若干意见》、《东辽县人民检察院关于服务企业改革发展的若干意见》、《东辽县人民检察院关于进一步推进服务重大项目建设工作的意见》和《东辽县人民检察院关于充分履行检察职能为小型微型企业发展服务的实施意见》等5个指导性文件。成立了8个工作组，即：涉农案件工作组、检民共建工作组、服务农村金融改革工作组、服务企业工作组、检察服务联络室试点工作组、社会矫正基地建设工作组、"七个一"活动工作组、未成年人法治课堂工作组，从不同角度、不同节点参与社会管理创新，服务全县工作大局。同时，启动了"检察公益林"建设，为促进东辽生态县建设做出了贡献。

开展核心价值观教育，推进检察队伍建设。全院有17名干警通过司法考试，14人先后走上副科级领导岗位，另有6人被遴选到上级检、法两院工作，全院有6人被省院分别授予"吉林省检察业务专家"、"业务尖子"和"岗位能手"称号。制定并实施《东辽县检察院关于加强检察文化建设的总体构想》、《东辽县人民检察院检察文化宣言》，形成了具有东辽特色的较为系统的检察文化建设理论体系，打造了以廉检文化为核心的优秀检察文化品牌，连续两次参加全国检察文化建设座谈会并介绍经验，被高检院命名为"基层检察院文化建设示范院"；被省院命名为"基层检察院文化建设特色院"。2011年，全面完成了全国检察机关规范化管理机制改革试点和省院标准化建设试点工作，建立起具有东辽检察特色的标准化管理体系，实现了"执法规范化、队伍专业化、管理科学化、保障现代化"的基本要求。在全国检察机关规范化管理机制改革试点座谈会上介绍经验。

　　2012年，在县委和上级院的正确领导下，在县人大依法监督下，深入落实科学发展观，自觉践行社会主义法治理念，以政法干警核心价值观教育实践活动为主线，强化法律监督，强化自我监督，强化队伍建设，巩固发展成果，在服务全县经济社会又好又快发展的同时，检察工作呈现了良好的发展态势。在推进社会管理创新、服务县域经济发展上做出了新努力；在强化刑事检察、维护社会稳定上迈出了新步伐；在查办职务犯罪、推进预防工作开展上取得了新进展；在加强诉讼监督职能、维护公平正义上获得了新成效；在开展核心价值观教育、推进队伍建设上开创了新局面。

　　2013年以来，认真贯彻党的十八大和十八届三中全会精神，扎实开展党的群众路线教育实践活动，遵循"巩固成果，追求创新，提升素能，规范办案"的检察工作总基调，紧紧围绕全县中心工作，强化服务大局意识；立足保障民生，充分履行检察职能；维护公平正义，切实强化诉讼监督；突出职能延伸，积极参与社会管理；大力推进队伍建设，着力夯实发展基础；强化办案安全建设，创设安全可靠办案环境。在全院干警团结奋斗下，各项检察工作得到了新的发展，为东辽经济社会科学发展做出了积极的贡献。

第一章

印象记忆 30 年

第一节 领导关怀 激励前行

30年来，各级党政机关，特别是上级院，对东辽检察事业的发展给予了正确的领导、倾注了关怀，使得东辽检察事业得以健康快速发展，多项工作走在了全国、全省前列。

2011年8月，东辽县人民检察院被最高人民检察院评为全国先进基层院，县检察院检察长郭静波受到最高人民检察院检察长曹建明的亲切接见。

>>> 2011年10月，省政协副主席李申学（右一）、省检察院检察长张金锁（右二）、省政法委副书记姜德志（左一）、辽源市市长金育辉（右三）来院调研指导检察文化建设工作。

>>> 2001年7月，省检察院检察长索维东（右一）在辽源市委副书记徐增力（右二）、市检察院检察长王文生（左二）、县检察院检察长王宪邦（左一）陪同下，来院指导工作。

>>> 2005年9月，省检察院常务副检察长张金锁（前排中）在县委书记马延峰（前排左一）、县检察院检察长郭静波（前排右一）陪同下，检查指导"两房"建设工作，并参加检察综合楼落成仪式。

>>> 2012年7月，省检察院检察长杨克勤（前排左一）在辽源市委书记姜有为（前排左二）、县委书记江礼权（前排左三）等领导陪同下，视察本院工作。

2011年9月，市检察院检察长赵彦峰来院听取工作汇报并指导工作。

第二节 听党指挥 服务大局

30 年来，东辽县人民检察院始终坚持县委和上级院的正确领导，紧紧围绕县委和上级院各个历史时期的中心工作，以服务全县工作大局为己任，以发挥检察职能作用为基点，在全县经济社会发展各个历史阶段，充分履行检察职能，坚守检察职业道德，为东辽县各项事业的健康发展提供了坚强的检察保障。

▓▶▶ 2012 年，县委书记江礼权（右一）、县长蒋凯（左四）、县人大主任张玉珠（左一）、县政协主席杨建国（左二）来院检查指导工作。

▧ 》》 东辽县人民检察院现任领导班子。

▧ 》》 2005年9月29日，东辽县人民检察院全体干警整齐列队举行升国旗和宣誓仪式。

>> 2013 年，县检察院检察长高东民（前排中）带领检察干警深入企业走访调研，为企业发展提供检察服务。

>> 东辽县人民检察院恢复组建初全体干警合影。

▶▶ 1996 年东辽县人民检察院全体干警合影。

▶▶ 2004 年东辽县人民检察院全体干警合影。

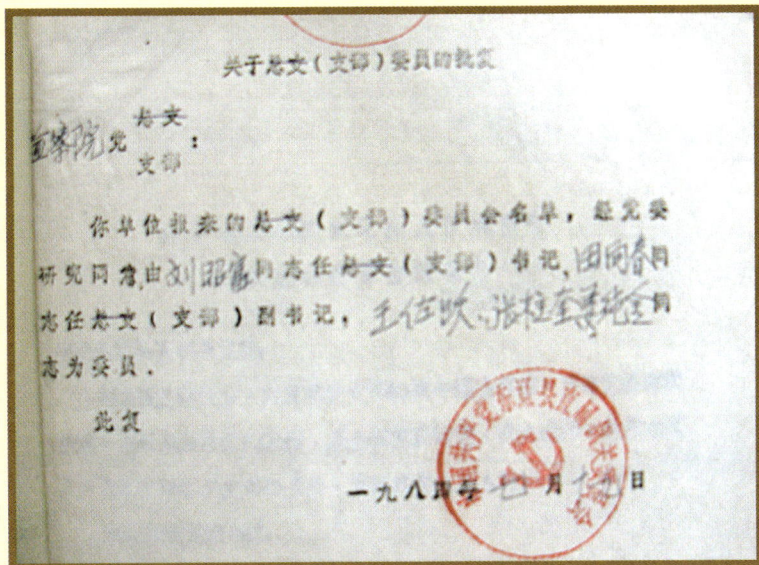

>>> 1984年，县检察院恢复组建后，报请县直属机关党委同意，成立了机关党支部。

>>> 党支部组建以来，紧密围绕党的中心工作，加强机关党的组织纪律建设、思想作风建设和党风廉政建设，极大地调动了广大党员和干警的工作热情。图为：东辽县检察院2000年党建工作会议。

在街头设立惩治职务犯罪，维护公平正义宣传站。

积极响应县委号召，检察官真心实意开展帮扶工作。

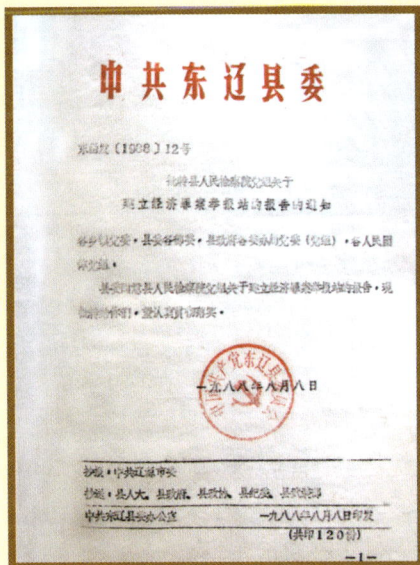

>>> 1988 年，经县委批准，成立了东辽县人民检察院经济罪案举报站，专门从事经济领域犯罪活动的侦查起诉工作。

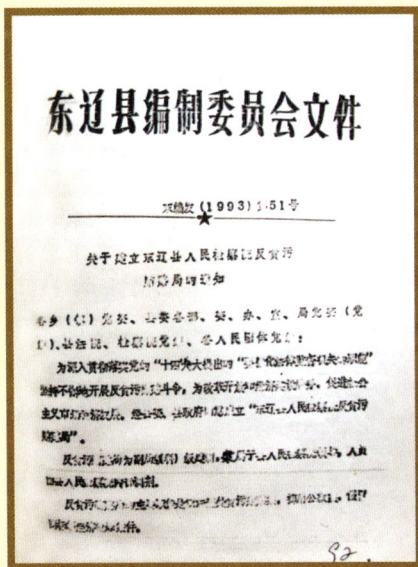

>>> 1993 年 9 月 16 日，东辽县编委（1993）第 51 号文件批准，建立东辽县人民检察院反贪污贿赂局，副局级（科）建制。

▓▓ ▷▷ 在严厉打击各种严重经济犯罪工作中，结合东辽县的实际情况，拓展检察工作领域，1993 年 10 月 21 日，率先在县农业局成立了派驻检察室，之后陆续向县直各局、驻县中、省直单位和各乡镇、社区派驻检察室共 24 个。

▓▓ ▷▷ 为更好的服务地方经济发展，从 2011 年起，先后制定实施了《关于履行检察职能服务东辽和谐社会建设的若干意见》、《关于服务东辽新农村建设的若干意见》和《关于为企业发展服务的若干意见》，为东辽经济和社会发展提供了坚强的检察保障。

第三节 执法公正 规范标准

　　30 年来，东辽县检察院坚持严打声威不动摇，公正执法保平安，在严厉打击严重刑事犯罪、职务犯罪、保证东辽平安的同时，严格规范执法行为，研究探索工作标准和执法规范，尤其是标准化建设工作得到高检院、省、市院的充分肯定。

　　2011 年，东辽县人民检察院被最高人民检察院授予全国先进基层检察院荣誉称号。

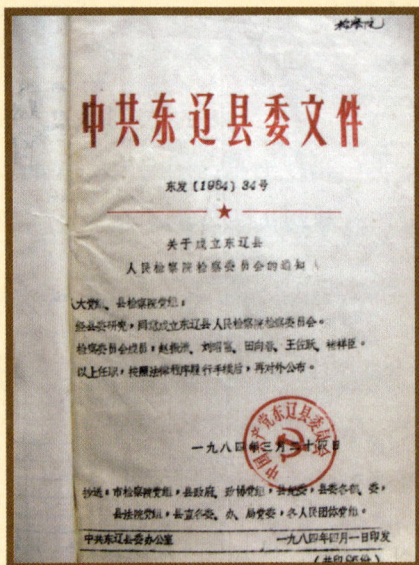

■ >>> 恢复组建后的东辽县人民检察院第一届检察委员会批文。此后，检察委员会在审议、决定各类重大案件工作中充分行使法律赋予的职权，为东辽检察事业发展做出了重大贡献。

■ >>> 加强档案管理，逐步建立规范的管理机制，1985 年，建立了东辽县人民检察院档案室。

辽源市第二届公诉人与律师

刑事案例论辩赛

辽源市人民检察院 辽源市司法局 联合主办

控方

辩方

参加辽源市第二届公诉人与律师刑事案例论辩赛获得佳绩。

检察官在认真研究探讨检察工作标准化建设工作。

▶▶ 2004 年，建设中的东辽县人民检察院检察综合楼。

▶▶ 2008 年 7 月，被高检院确定为全国第二批规范化管理机制试点院，至 8 月 19 日，完成了近 90 万字的体系文件编纂和印制，规范化管理体系 A 版文件成功发布，并正式转入试运行阶段。2009 年 6 月，被省院确定为标准化建设试点院，经过细心研究和精心筹备，实现了规范化和标准化的高位对接，并于 2011 年 7 月 7 日，颁布了关于标准化管理体系文件发布实施的决定，标准化建设体系正式投入运行。

▶▶▶ 检察官走进社区征求群众对检察工作的意见。

▶▶▶ 反贪干警集思广益，研究案情。

第四节 文化育检 注入活力

东辽县人民检察院的文化建设起步于高检院提出文化育检方针的前后。经过近 8 年实践探索、载体创设、理性提升，逐步构筑形成了具有东辽特色的、科学的检察文化建设理论体系。造就了一支朝气蓬勃、奋发有为、敢于亮剑、维护正义的检察队伍，促进了和谐检察建设，推动了东辽检察工作的科学发展。先后两次在全国检察文化建设座谈会上介绍经验。

>> 2011 年，东辽县人民检察院被中央精神文明建设指导委员会授予全国文明单位荣誉称号。

>>> 2011 年，在全国检察机关文化建设工作会议上，东辽县人民检察院被最高检授予全国检察文化建设示范院荣誉称号。

>>> 2011 年，女检察官教育实践活动乡村行。

>> 2012 年，检察官营建检察公益林。

>> 2013 年，拔河队荣获全县拔河比赛冠军。

>>> 2012 年，荣获县全民运动会团体亚军。

>>> 2012 年，男检察官口琴队登台演出。

▶▶▶ 辽源市首届国际琵琶文化艺术节上，女检察干警琵琶队参加 2012 名琵琶乐手挑战吉尼斯世界纪录最大规模琵琶合奏记录活动。

▶▶▶ 检察官演唱自己创作编曲的《检察官之歌》等五首歌曲。

第五节 检察英模 历任领导

30 年来，在各个不同历史时期，尤其是改革开放、建立和发展社会主义市场经济体制的历史时期，东辽县检察院历届领导和广大干警以对法律高度负责的精神，全身心投入到依法治国的伟大进程中，先后涌现出一大批典型人物。他们的先进思想和优秀事迹已经成为激励全体干警奋发有为、勤政为民的精神动力，是东辽检察事业宝贵的精神财富。本志收录的 5 位模范人物，是东辽县人民检察院全体干警的典范；本志收录了 1984 年以来，在院领导岗位工作过的历任领导。

一、检察英模

高东民　出生于 1963 年 9 月，吉林省东辽县人，汉族，中共党员，吉林林业学院林学专业大学毕业，1985 年 8 月参加工作，先后任辽源市林业局科员，辽源市人民检察院研究室科员、刑侦二科助检员、反贪局助检员、渎职侵权检察处副处长、反渎职侵权局侦查处处长，2013 年 1 月任东辽县人民检察院党组书记、代检察长、检察委员会委员，同年 12 月任东辽县人民检察院检察长，是东辽县第十六届人民代表大会代表。

高东民同志从事检察工作近 30 年，多次被评为辽源市优秀公务员，多次荣立个人三等功、二等功，选入全国反渎系统一级侦查人才库。曾先后荣获辽源市优秀共产党员、全省检察机关渎检系统"十佳侦查员"、全国检察机关反渎系统"侦查办案业务标兵"、全省政法系统优秀党员干警、吉林省首届"杰出检察官"、全省政法系统模范干警、吉林省"百姓心中检察官"等荣誉称号。

他注重学习，钻研业务，努力提升自身素质。针对工作特点，认真学习各领域、各行业的法律法规、部门职责、工作程序，做到心中有数。刻苦钻研侦查谋略、审讯技巧，掌握过硬的侦查技能，先后在省级以上报刊发表理论文章、办案体会7篇，是检察机关反渎系统的业务专家。

他为民执法，保障民生，积极促进社会管理创新。始终坚持立检为公、执法为民的理念，将侦查重点放在损害群众利益、危害民生民利的案件上。2011年2月，他组织全市反渎系统业务骨干对东丰县农机系统渎职犯罪案件立案侦查，仅1个月时间就立案21人，所立案件法院全部做出有罪判决，此案荣获全省检察机关"保障民生十大精品案例"。

他勇于进取，克难制胜，保证用铁证办铁案。办案中，他不仅有拼命三郎精神，更能主动转变观念，积极探索新思路新方法，带头克服线索少、取证难、阻力大等客观因素的困扰，攻克了一个又一个重大疑难案件，参与查办了30多件在全省有重大影响的渎职侵权犯罪案件，所办案件法院全部做出有罪判决，为国家挽回直接经济损失2000多万元。

他公而忘私，公正廉洁，树立了检察官良好形象。工作中，他身先士卒，用实际行动感染着身边的同志，多年来，放弃节假日，往返全国各地，行程数十万公里，每一件案件的成功查办，都饱含着他的智慧与汗水。他始终能够处理好权与法、情与法、钱与法的关系，面对来自各方面的干扰和阻力，他办案决心依然，坚持原则依然，不枉不纵，秉公执法，真正体现了一名优秀检察官的良好素质与形象。

马金刚　出生于 1963 年 9 月，吉林省辽源市人，汉族，中共党员，中央广播电视大学辽源分校法学专业在职教育大学毕业，1985 年 7 月参加工作，先后任东辽县人民检察院书记员、助检员、检察员，1998 年 4 月起先后任东辽县人民检察院刑检二科副科长、公诉科科长、检察委员会委员，2007 年起先后任东辽县人民检察院党组成员、检察长助理、检委会专职委员，2013 年 10 月任东辽县人民检察院副检察长，纪检组组长。

马金刚同志从 1985 年起，从事检察工作已 30 年。在思想政治方面始终坚持与党中央保持高度的一致。在工作中认真学习邓小平理论和"三个代表"重要思想，努力践行科学发展观，认真贯彻执行党中央、高检院的有关指示精神，严格执法、秉公办案、清正廉洁，牢固树立社会主义法治理念，为打击犯罪，确保一方社会稳定做出了突出贡献。

2011 年 5 月，受省院公诉一处的指定，东辽县人民检察院公诉科受理审查起诉一起魏利民等 12 名犯罪嫌疑人寻衅滋事、滥伐林木、偷税、妨害公务、非法拘禁案件。此案属涉恶案件。由通化市、柳河县两级公安机关于 2006 年侦查终结。经柳河县人民检察院审查起诉。柳河县人民法院对上述 12 名被告人做出 19 年有期徒刑不等的判决后，案件中多名被告人提出上诉。通化市中级人民法院维持了原判。后被告人近亲属对通化市两级法院判决不服，多次进省、进京申诉上访，后通化市中级人民法院于 2009 年撤销了两级法院裁判，将此案发回柳河县人民法院重审，柳河县法院重审期间，被告人近亲属仍上访不止。后通化市中级人民法院又将此案指定梅河口市人民法院审理，梅河口市人民法院审理期间，柳河县委政法委、政府部门又提出异议，通化市中级人民法院又将此案指定集安市人民法院管辖，集安市人民法院管辖期间，被告人近亲属仍不断上访且情绪激烈，后在通化、集安两级法院共同请求下，吉林省高级人民法院依法将此案指定东辽县人民法院管辖。此案涉案被告 12 人、其他违法参与人员 30 余人，被害人及涉案证人多达 70 余人，书证千余份，公安机关、人民检察院、人民法院形成卷宗 39 册，案件事实错综复杂。此案涉及 5 项罪名，其中多个罪名所涉事实均头绪纷繁。案件证据数量庞大，且各被告人或拒供或对事实有异议，供与供之间，供与陈述之间，陈述与陈述之间，证言与证言之间，言词证据与书证之间均存在诸多矛盾，给审查工作带来巨大困难。魏利民等人自 1993 年便实施违法犯罪活动，直至 2004 年止，作案时间长达 10 余年。受理此案后，马金刚同志即对此案着手进行审查，他首先从诉讼程序入手，对此案从立案到侦查到起诉到审判以及后续的一系列程序，集中精力进行细细梳理，经过反复多次梳理，从大量庞杂的法律文书形式到内容，点到面地耐心审查，先理清了此案的诉讼脉络。其次着手对案件事实及证据进行审查。在对大量的事实及大量庞杂的证据进行审查过程中，马金刚同志可谓倾注了巨大的精力和心血，自受案后，马金刚同志几乎牺牲了全部的双休日和节假日，加班加点，甚至日以继夜，把一切可利用的时间都用在了案件审查上，在审查过程中，马金刚同志将每份言词证据前后仔细进行比对，对言词证据与书证之间的关系进行认真核实，对证据的客观性、关联性、合法性进行了细致入微的分析研究。此间，包括协调原办案机关，传唤讯问被告人，押解等诸多工作全部在法定审限内完成。审查完毕后，因此案仍有部分事实不清，且缺少部分法律文书，经向本院领导及上级院汇报，曾两次退回公安机关补查。案件重新移送起诉前，马金刚同志带领助手将此案向本院和省院领导作了全面系统翔实地汇报，做出提起公诉的决定。后因适用何种诉讼程序问题，又与人民法院产生了不同意见，法院不受案，导致案件迟迟不能起诉到法院。面对案件不能如期起诉的重重困难，他积极主动与辽源市中级人民法院及东辽县法院进行多次协调，于2012年初将案件提起公诉至东辽县人民法院。在庭审过程中，就讯问质证，发表公诉意见等方面，马金刚同志在充分准备的前提下，庭审顺利进行，起诉书指控的各项罪名均得到全面准确的核实。法庭认真听取了公诉人就本案事实、情节、社会危害及适用法律等方面客观、公正的公诉意见，并依法做出有罪判决，最终取得了良好的法律和社会效果。

马金刚同志在多年的检察工作中，工作表现一直突出，曾被省政法委授予全省人民满意政法干警称号、省院授予全省五好检察官称号、辽源市政法委授予的全市优秀政法干警称号、市院授予的十佳检察官称号，荣立个人三等功二次，他所带领的科室多年来在全市考核中名列前茅，并被市院荣记集体三等功一次。

周丽华　1955年11月出生，中共党员，大专学历，1974年10月参加工作，先后任东辽县人民检察院审查批捕科科长、东辽县人民检察院党总支专职副书记。

周丽华从事检察工作20多年，把自己全部奉献给了检察事业。由于工作成绩突出，先后被评为省"人民满意检察官""职业道德标兵""优秀办案人"；被省委、省政府荣记"严打"整治斗争个人二等功一次；

被辽源市委、市政府评为"辽源市劳动模范"。面对如此骄人的各项沉甸甸的荣誉，却仍旧有着那么一股永不停歇、永不满足的干劲，向着自己确立的杰出人民检察官、优秀共产党员的目标而不懈努力。

对待学习有颗恒心

周丽华1986年进入县检察院工作。此时的她对于法律知识一片空白。没有过硬的专业知识，就不能充分运用法律武器同各种犯罪分子作斗争。为尽快熟悉业务，练就一份过硬的本领，她边干边学，虚心请教，白天工作忙没时间学，她就晚上将几个月大的孩子哄睡后再学，学习成了她最快乐的事。她如饥似渴地研读了《法理》《侦查学》《心理学》《刑法》《刑诉法》……各种相关业务书籍都被她细细地"啃"了一遍，并做了十几万字的学习笔记，摘记了二十多个索引资料袋。与此同时，她利用三年时间完成了法律专业的函授学习，取得了大专文凭。凭着坚强的毅力，她在检察岗位上迈出了坚实的第一步。十几年来，周丽华为了心中那永远公正的天平一直坚持不懈地学习。认识周丽华的人都知道，如果她没下去办案，那么往往在办公室里阅卷或者看书。

对待事业有颗忠心

1998年底，周丽华通过竞争上岗担任了审查批捕科科长。"严打"开始以来，面对着案子多、任务重、人手少的现状，周丽华深知自己肩上的担子有多重，责任有多大。她身先士卒，大案、要案、难案抢着办；她率先垂范，亲自阅卷、审查、提审；她事必躬亲，严把事实关、证据关、定性关。1999年来以来，周丽华受理各类刑事犯罪案件1212件1574人，经审查批准逮捕1202件1564人，不捕74人，不捕率为4.7%，追捕12人。办理立案监督案件28件36人。她带领全科干警几乎放弃了所有节假日和双休日，她们还采取到公安机关现场办公的方式集中审查报捕案件 280 余件，使一般案件当日审结，重大、疑难案件 2—3 日内审结。多年来周丽华为维护司法公正，严把案件质量。经她办理的案件没有一起冤、假、错案，她所在科室多次获全市评比第一名。2004 年 5 月份，她在全省立案监督"双十佳"评选中，荣获"立案监督十佳案件"全省第一名。2006 年，院里干部调整，她任党总支专职副书记。由于她真抓实干，党的建设迈出了新步伐，2007 年，在全市优秀党支部评选中，东辽院被市委组织部评为全县唯一的"五好党支部"。

对待办案有颗公心

周丽华始终坚守着终贞不渝的崇高信念。她把自省、自警、自励、自律和要以党和人民满意作为衡量自己工作的根本标准。经她办理的案件无一例关系案、金钱案、人情案。虽然，她同样有七情六欲、人之常情，但在"情与法""钱与法"的考验面前，她一次次维护了法律的尊严。2002 年，周丽华的姑舅弟弟因偷马被公安机关抓获。弟妹哭着来找，可她却"无情"地说："这件事我真的帮不了你，如果我去求情确实能够将他取保候审，但我不能那么做……"周丽华拿出二百元钱送弟妹回家。因为这件事，家里人都说周丽华是个"劣质亲戚"。周丽华心里也十分不是滋味，可她说"犯罪就要受到惩罚，不能因为是我周丽华的亲戚而享有特权。如果这样我无法面对其他人。"2003 年，她承办了犯罪嫌疑人王某涉嫌强奸案。还没等她带人下乡调查，说情的人就纷至沓来，其中不乏许多领导。她一面应付说情人，另一面暗下决心查清此案。她两次趋车深入甲山乡义方村，几十里的路，她跑了一趟又一趟，村民不愿作证，她就一遍又一遍的耐心做工作，最终调取相关证据 20 余份。正是这种无私无畏的精神和不达目的决不罢休的顽强意志，使她克服了重重困难，最终使案情水落石出。多年来，她严于律己，秉公执法，在个人利益、国家利益与党的检察事业之间，她舍弃了个人利益，顶住了人情、金钱的诱惑，经受住了执法的考验、权力的考验。

对待自己有颗忘我心

做女人难，做合格的女检察官更难。十几年来，无论深夜还是凌晨，只要接到案情通知，周丽华准会在第一时间奔赴现场，与公安人员一起侦查案情。挨冻、挨饿、几天不回家，在公安局的沙发上打盹对周丽华来说已是家常便饭。由于过度疲劳，周丽华积劳成疾，先后患有慢性阑尾炎、颈椎骨质增生和严重的高血压等多种疾病。尽管病魔缠身，她还是咬紧牙关顽强拼搏在"严打"战线上。作为母亲，她欠女儿的，2002年8月，她远在大连市的独生女儿生育头胎，临产前一天打电话通知她去大连，可在"严打"期间，一边是繁重的工作任务，另一边是要临产的女儿，最终她选择了工作。她不得不用泪水遥祝女儿平安。每当事后念及此事，周丽华都会情不自禁地流下愧疚的眼泪。她把对亲人的歉疚融进了她所深爱的检察事业。同志们都被她忘我的精神深深地感动，"女人堆里的男人"是对周丽华最深的肯定。

史海清　1967年5月2日出生，大学学历，中共党员，1994年8月参加检察工作，历任东辽县检察院书记员、助理检察员、检察员、公诉科副科长、人民监督员办公室主任，侦查监督科科长、办公室主任、公诉科科长、检察委员会委员，辽源市"五一劳动奖章"获得者。

他始终把维护社会稳定作为工作的首要任务，严厉打击刑事犯罪，为东辽社会稳定和经济建设顺利进行做出了积极的贡献。在侦察监督科工作的 3 年间，共办理审查逮捕案件 361 件 500 人，经审查批捕 447 人，无超时限办案情况，无错案发生，批捕准确率达 100%。

他带领分管干警，通过加强侦查活动监督和立案监督，及时纠正侦查活动中的违法行为，有效地保证了侦查活动的合法性，避免了有案不立的情况。3 年来，共监督立案 3 件 4 人，追捕漏犯 6 人，发出检察建议 20 余份，均取得较好的法律效果和社会效果。

他针对工作中发现的突出问题和具有代表性的问题，向相关部门和单位发出检察建议，以达到预防犯罪的目的。如，针对我县近年发生的不法分子利用国家农机补贴优惠政策骗取国家补贴资金的案件，在 2010 年初便向农机管理部门及各乡镇发出《检察建议书》27 份，促使相关部门加强了管理和制度规范，堵塞了漏洞，达到了预防犯罪的目的。

他与侦监科同志通过认真学习宽严相济刑事司法政策精神实质和重要意义，提高思想认识，转变有罪既捕、以逮捕为惩罚手段和就案审案的观念，树立了大局意识，充分考虑办案的法律效果和社会效果，慎用逮捕措施，积极化解社会矛盾。2008 年以来，共不批准逮捕 53 人，不批捕率为 10.6%，其中，刑事和解不批捕 33 人。

他始终把化解社会矛盾纠纷贯穿于执法办案全过程，坚持做到化解矛盾不遗余力，确保解开"心结"。如：2010 年 7 月办理的因一起邻里纠纷引发的两起故意伤害、一起故意毁坏财务案件。由于当时双方矛盾尖锐，互不相让，虽经多方工作，也未能促成双方达成和解，两次调解失败。但他没有放弃，坚持进行第三次调解。又两次到看守所提讯当事人，通过释法说理和细致耐心的劝解工作，最终化解了双方的敌对情绪，达成了和解协议。至此，这一复杂的邻里纠纷刑事案件，在不懈努力和坚持下，经过两个月、三次调解，终于促成双方和解，对促进社会和谐、稳定起到了积极作用。

　　他廉政勤政、爱岗敬业，以共产党员的标准严格要求自己，起到模范带头作用。坚持在办案一线，以身作则，带头多办案，带头办理大要案件和疑难案件，几年来，办理审查逮捕案件 200 余件，每年办案数都占全科三分之一以上。他还坚持做到清正廉洁，坚持以党和人民的利益为最高宗旨，秉公执法、不徇私情，不办金钱案、关系案、人情案，多年来无违法违纪问题。他还坚持狠抓队伍建设不放松，抓牢抓实，常抓不懈，夯实队伍建设基础。几年来，侦监科干警在他的带领下，政治和业务素质不断提高，全科有 3 名干警被市院荣记个人三等功，2006、2008 年两年业务考核全市第一，被省院评为侦查监督工作优秀单位。

　　时玉环　现任东辽县人民检察院监察科科长。因在全国检察系统规范化和全省检察系统标准化建设工作中做出了突出贡献，被省院荣记个人二等功。

勇挑重担，全力攻坚克难

　　2011 年初，东辽县检察院成立了标准化管理办公室，时玉环同志任主任。该同志从事规范化工作，深知标准化建设工作任务重、标准高，需要花费大量的时间和精力。面对充满挑战的这一艰巨任务，面对党组做好此项工作的强大决心，时玉环同志没有退缩，而是勇敢地承担下来，并积极开展工作。4 月初至 6 月末，是标准化管理手册建立阶段，该同志起草了《东辽县检察院标准化建设实施方案》《标准化管理手册建立修改完善方案》，对标准化管理工作提出总要求和具体措施。在标准化管理手册建立过程中，该同志除组织协调全院各部门的标准化管理手册编写工作外，其本人承担了大部分的编写任务，重点编写了《工作目标管理办法》《绩效考核实施细则》《规范性文件管理办法》《人民满意度测评操作办法》《体系持续改进工作管理办法》等涉及实现标准化科学管理、保障标准化管理机制充分有效运行的规范性文件。引入目标管理和绩效考核，吸收借鉴规范化建设工作成果和经验，并进行创造性转化，形成了独具特色的东辽标准化建设模式。该同志在全院各部门文件汇总后，多次提出修改意见，并对手册书稿统一校对，统一格式。标准化办公室人员少，时间紧，该同志对自己要求严，对每一个标准和流程都要亲自校对，一工作就是一整天，有时还要加班到深夜。6月末，终于顺利完成了60余万字的体系文件编写和印刷工作。7月，凝结全院汗水和心血的标准化管理手册正式发布实施。

持续改进抓运行，深入整改促提高

标准化管理制度体系建立起来后，最重要的环节就是制定的制度文件能够充分有效运行起来，发挥管理作用。时玉环同志在本院标准化领导小组的精心谋划和组织下，在目标管理、绩效管理、持续改进等方面作了深入的探索和实践，吸收规范化管理工作的内部审核和管理评审工作机制，建立健全严密规范的审查控制程序。组织本院经过培训的骨干人员严格按法律规定标准和标准化文件标准审查，监督检查体系文件是否符合要求，各部门是否按照文件要求操作，是否存在影响体系正常运行的问题等。按照检察长要求的"查深、查准、多查问题"的指导思想，该同志与审核小组其他成员一道，在检查中严格依照标准，采取随机抽样和交叉方式，对全院各部门开展现场审核工作。对照标准化文件逐条审核，查资料，看案卷，核对相关文件、相关文书。针对标准化管理体系文件本身及运行中存在的问题，协助检察长和主管副检察长，组织召开管理评审会议，对标准化管理体系进行系统评审和评估，解决体系运行中存在的重大问题，持续改进标准化管理工作，使全院的标准化建设工作呈现出良好的运行态势。

积极探索和实践，发挥示范作用

时玉环同志从事检察业务工作多年，后又从事规范化管理体系试点工作，熟悉检察业务工作又懂得一定的管理知识。在标准化建设工作中，该同志利用自己所长，处处发挥表率和示范作用。针对在体系文件的建立之初，各部门间存在的不平衡情况，有针对性地组织集中培训，使全员进一步熟悉和掌握标准化管理相关知识。为推进全院标准化建设工作，该同志自己定位为：协调、服务和指导。标准化工作开展之初，为了让大家认识和接受并积极参与其中，该同志深入指导，引导各部门和人员熟悉相关规定和做法，并帮助克服困难和解决实际问题，提高全员参与热情。东辽县院标准化建设管理手册在全市率先建立，其他县区院到本院学习交流，对全市的标准化建设工作起到了推动作用。该院的规范化、标准化建设工作取得了一定成效，也吸引了本省 10 余家基层院前来学习交流，院领导和该同志均毫无保留地介绍本院的做法，发挥了先期试点院的示范作用。该同志在检察机制改革和创新中不断探索和实践，几年来积累了一定的经验。2010 年，在专家老师的悉心指导下，该同志参与编写了《ISO9000 族标准与人民检察院规范化管理》一书，对质量管理标准逐条进行了解释与实施的检察化解读。该书由中国检察出版社出版，并在 2010 年 4 月高检院组织的规范化管理体系审核员培训班上，被选作了唯一指导用书。2011 年 7 月，该同志撰写的论文《标准化管理机制的探索与实践》被收录在省院标准化建设理论研讨会论文集中，《健全机制、监管结合，不断推进执法规范化建设》一文在本院论文研讨会上获得一等奖。

二、历任领导

（一）历任检察长

赵振清 (1984-1995)　　刘国安 (1996-1997)　　王宪邦 (1998-2004)　　郭静波 (2005-2012)

高东民 (2013- 现在)

（二）历任副检察长、纪检组长、政治处主任

刘昭富 (1984-1989)　　褚祥臣 (1986-2001)　　田向春 (1987-1991)　　李来喜 (1995-1997)

陈景联 (1997-2004)　　孟庆祥 (1989-1994)　　王佐跃 (1987-2007)　　赵海涛 (1998-2013)

王焕军 (纪检组长　　张海 (2001-2001)　　邹仁贵 (1999-现在)　　李国岩 (2001-2012)
1999-2001)

齐立平 (2002-2009)　　戴君 (2006-现在)　　赵铁汉 (2010-现在)　　王路林 (2010-现在)

马金刚 (2012-现在)　　李秀林 (政治处主任
2013-现在)

第二章

检察机构沿革

第一节　组织机构

1983 年 8 月 30 日，经国务院批准撤销四平地区，辽源市升格为地级市，东辽县划归吉林省辽源市管辖。东辽县同时恢复县制。

1984 年 3 月 12 日，恢复组建东辽县人民检察院；3 月 20 日，中共东辽县委批准成立东辽县人民检察院检察委员会；5 月 11 日，县委决定，建立东辽县人民检察院党组；7 月 19 日，中共东辽县直属机关党工委批准成立东辽县人民检察院机关党支部委员会。

1987 年 1 月 5 日，中共东辽县委决定设立东辽县人民检察院纪检组。

2001 年 4 月 4 日，由于县检察院党员人数的增多，经中共东辽县委组织部研究同意，成立东辽县检察院机关党总支，隶属县直机关党工委。至此，东辽县人民检察院组织机构延续至今。

第二节　内设机构

1984 年 3 月 12 日，第三次恢复东辽县建制后，院内设机构为：办公室、刑事检察一科、刑事检察二科、经济检察科、法纪检察科、监所检察科、控告申诉科、调研室（1986 年内设）。

1987 年 4 月 21 日，经东辽县编委批准县检察院设立人事政工科。

1988 年 8 月 8 日，根据吉林省人民检察院《关于在全省县以上检察机关建立贪污、贿赂罪案举报中心的通知》精神，中共东辽县委批准同意，县检察院成立经济罪案举报站。其主要任务是：按检察机关案件管辖范围，直接受理公民和法人举报党和国家工作人员利用职务之便，敲诈勒索、贪污受贿、弄权渎职、偷税抗税、挪用公款、出卖国家机密等构成犯罪的案件的举报，同时也受理侵害公民民主权利的犯罪案件，并接受犯罪分子的投案自首。

1990年11月22日，东辽县编委〔1990〕第101号文件批准，同意设立民事行政检察科。

1993年9月16日，东辽县编委〔1993〕第51号文件批准，建立东辽县人民检察院反贪污贿赂局，副局级（科）建制，隶属于县检察院领导，人员编制由院内部调剂。

1993年10月21日，东辽县编委〔1993〕第52号文，同意建立东辽县人民检察院派驻农业局检察室。

1994年12月15日，东辽县编委〔1994〕第21号文件批准，建立东辽县人民检察院技术科。

1995年4月5日，东辽县编委〔1995〕第13号文件批准，成立东辽县人民检察院就业服务站。

1996年，院内设机构为：人事政工科、办公室、刑事检察一科、刑事检察二科、反贪污贿赂局、监所科、法纪科、民事行政检察科、控告申诉检察科、检察技术科、调研室、就业服务站。

1996年3月28日，根据吉林省人民检察院、吉林省税务局〔1984〕127号文件精神，经请示中共辽源市人民检察院党组同意，成立东辽县人民检察院地方税务检察室。

1997年5月20日，经院党组研究并请示省、市检察院同意，设立东辽县人民检察院驻东辽县白泉镇检察室。

1999年，县检察院根据省编委〔1997〕62号文件精神进行机构改革，设有人事政工科、办公室、审查批捕科、审查起诉科、反贪污贿赂局、法纪科、民事行政检察科、控告申诉检察科、检察技术科、监所科、法警队共 11 个科、室、队。

2002 年 12 月，根据《吉林省人民检察院机关机构改革方案》精神，院再次进行机构改革，根据吉编办函〔2002〕19 号和辽编办函〔2002〕1 号文件精神，原人事政工科更名为政治处、原审查批捕科更名为侦查监督科、原刑事检察二科更名为公诉科、原法纪检察科更名为渎职侵权检察科、取消原监所检察科。作废原内设机构印章 5 枚，同时启用内设机构印章 6 枚。

机构改革后，院内设机构为：政治处（下设干部科、宣教科）、反贪局（下设侦查一科、侦查二科）、侦查监督科、公诉科、渎职侵权检察科、民事行政检察科、控告申诉检察科、检察技术科、办公室、法警队。

2005 年增设案件管理办公室。

2008 年增设监所检察科、监察科、检察委员会办公室、人民监督员办公室、渎职侵权检察科升格为反渎职侵权局（下设侦查科）

2009 年 6 月 18 日，经县编委同意、县检察院成立法警队。

2009 年 9 月 4 日，根据中共东辽县委东发〔2009〕31 号文件精神，院党组研究决定成立信访代理站。同年，根据工作需要，院党组决定成立规范化建设管理办公室（院内非常设机构），同时，按照上级院的要求，组建了计划财务装备科。

2009 年，院内设机构为：政治处、办公室、检察委员会办公室、侦查监督科、公诉科、反贪污贿赂局、反渎职侵权局、监所检察科、控告申诉检察科、民事行政检察科、监察科、预防科、计划财务装备科、法警队、案件管理办公室共 15 个职能部门。

2013 年 5 月 2 日，经院党组研究，并报县委和市院批准，在东辽县经济开发区设立了检察工作服务站。

2014 年，院内设机构为：办公室、政治处、计划财务装备科、侦查监督科、公诉科、反贪污贿赂局、反渎职侵权局、民事行政检察科、控告申诉检察科、监所检察科、案件管理办公室、预防科、监察科、法警队 14 个部门。

第三节　检察委员会

《中华人民共和国人民检察院组织法》第 3 条规定，各级人民检察院设立检察委员会。检察委员会实行民主集中制，在检察长的主持下，讨论决定重大案件和其他重大问题。

检察委员会的职责是：（一）审议、决定在检察工作中贯彻执行国家法律、政策和本级人民代表大会及其常务委员会决议的重大问题；（二）审议、通过提请本级人民代表大会及其常务委员会审议的工作报告、专题报告和议案；（三）总结检察工作经验，研究检察工作中的新情况、新问题；（四）审议、通过本地区检察业务、管理等规范性文件；（五）审议、决定重大、疑难、复杂案件；（六）决定本级人民检察院检察长、公安机关负责人的回避；（七）其他需要提请检察委员会审议的案件或者事项。

检察委员会委员名额按级别规定：最高人民检察院为 13 至 19 人；省级院为 7 人至 15 人；省辖市、省辖分院、市院为 7 至 11 人；县级院为 5 至 9 人。

根据《中华人民共和国人民检察院组织法》"各级人民检察院设立检察委员会"的规定，经中共东辽县委批准，东辽县人民检察院于 1984 年 3 月 30 日设立了恢复建院后第一届检察委员会。1999 年 8 月 19 日，院印发《东辽县人民检察院检察委员会规则》，进一步细化了检察委员会的工作职责和议事规则。到 2013 年，院已成立六届检察委员会。根据上级院要求，2008 年设立了检察委员会办公室，承担各部门提交检察委员会研究的案件、议题审查、会议记录及检察委员会决议的贯彻落实等工作任务。

东辽县人民检察院检察委员会组成情况

届数	组成时间	检察委员会委员
第一届	1984	赵振清　刘昭富　褚祥臣　田向春　王佐跃
第二届	1996	刘国安　褚祥臣　李来喜　陈景联 赵海涛（1998 年任）王佐跃
第三届	1999	王宪邦　褚祥臣　陈景联　赵海涛　王焕军
第四届	2004	王宪邦　李国岩　陈景联　赵海涛　邹仁贵 赵铁汉　周丽华　王路林　马金刚
第五届	2005	郭静波　李国岩　赵海涛　邹仁贵 戴君（2006 年任）齐立平（2008 年调离） 赵铁汉　周丽华（2007 年退）　王路林 马金刚　史海清（2008 任）　马广武（2008 年任）
第六届	2013	高东民　赵海涛（2013 年退）邹仁贵　戴君 赵铁汉　王路林　马金刚　李秀林　史海清　马广武

第四节　领导名录

东辽县人民检察院领导名录

职务	姓名	政治面貌	文化程度	任职时间
检察长	**赵振清**	**党员**	**中专**	**1984.4.12-1996.1.5**
副检察长	刘昭富	党员	10年	1984.5.22-1989.11.7
副检察长	褚祥臣	党员	大专	1986.1.23-2001.2.7
纪检组长	田向春	党员	中专	1987.1.5-1991.9
检察长	**刘国安**	**党员**	**大专**	**1996.1.5-1999.1.2**
副检察长	李来喜	党员	大学	1997.6.28-1998.3.25
副检察长	陈景联	党员	大学	1997.9.16-2004.
副检察长	孟庆祥	党员	中专	1989.11.7-1994.8.20
副检察长	王佐跃	党员	专业证书	1998.3.24-2007.8
副检察长	赵海涛	党员	大学	1998.3.25-2012.5.16
检察长	**王宪邦**	**党员**	**大学**	**1999.1.9-2005.3.15**
纪检组长	王焕军	党员	大学	1999.6-2001.10.31
副检察长	张海	党员	大学	2001.2.7-2001.11.1
纪检组长	邹仁贵	党员	大学	2001.10.31-2012.5.16
副检察长	李国岩	党员	大学	2001.11.1-2011.9

续表

职务	姓名	政治面貌	文化程度	任职时间
政治处主任	齐立平	党员	大学	2003.9.15-2009.10
副检察长	邹仁贵	党员	大学	2004.9.29- 现在
检察长	**郭静波**	**党员**	**研究生**	**2005.3.15-2013.1.24**
副检察长	戴 君		大学	2006.3.28- 现在
副检察长	赵铁汉	党员	大学	2010.3.16- 现在
专职委员	王路林	党员	大学	2010.3.16-2012.5.16
党组副书记兼纪检组长	赵海涛	党员	大学	2012.5.16-2013.2
副检察长	王路林	党员	大学	2012.5.16- 现在
专职委员	马金刚	党员	大学	2012.5.16- 现在
检察长	**高东民**	**党员**	**大学**	**2013.1.24- 现在**
副检察长、纪检组长	马金刚	党员	大学	2013.10.21- 现在
政治处主任	李秀林	党员	大学	2013.10.21- 现在

第五节 人员编制

1984 年 3 月 12 日，恢复东辽县建制，同时恢复东辽县人民检察院。政法专项编制 39 人，其中：检察长 1 人、副检察长 2 人、中层干部 7 人、检察员、助理检察员、书记员、干警等 29 人。

1987 年，院政法专项编制增至 41 人。其中：检察长 1 人、副检察长 2 人、纪检组长 1 人、副局级检察员 4 人、中层干部 9 人、检察员、助理检察员、书记员、法警等 24 人。

1996 年，县编办核定院政法专项编制 49 人、工勤编制 6 人，合计：55 人。实有政法专项编制 48 人、工勤编制 12 人，合计：60 人。其中：检察长 1 人、副检察长 3 人、中层干部 18 人、检察员、助理检察员、书记员、法警、工勤人员 38 人。到 2003 年县编办核定编制 60 人。

2001 年，副检察长增至 5 人，年内先后免、任纪检组长各 1 人。

2002 年，副检察长调整至 3 人，增设政治部主任 1 人（副局级）。

2004 年，在原编制基础上新增事业编制 3 人、实有 2 人，纪检组长改由副检察长兼任。

2006 年，县编办核定院政法专项编制 51 人、工勤编制 6 人、事业编制 3 人，合计：60 人。实有政法专项编制 50 人、工勤编制 6 人、事业编制 2 人，合计：58 人。其中：检察长 1 人、副检察长 4 人、政治处主任 1 人、中层干部 14 人、检察员、助理检察员、书记员、法警、工勤人员 38 人。

2007 年，政法专项编制增至 54 人，加上工勤和事业编制 9 人，合计：63 人。实有政法专项编制 52 人、工勤编制 6 人、事业编制 3 人，合计：61 人。其中：检察长 1 人、副检察长增至 5 人、纪检组长和政治部主任分别由两位副检察长兼任，中层干部增至 17 人、检察员、助理检察员、书记员、法警和工勤人员 38 人。

2009 年，政法专项编制增至 57 人。实有政法专项编制 54 人、工勤编制 6 人、事业编制 3 人，合计 63 人。其中：检察长 1 人、副检察长 5 人、纪检组长和政治部主任分别由两位副检察长兼任，中层干部增至 18 人、检察员、助理检察员、书记员、法警和工勤人员 39 人。

2010 年，新增设专职检察委员 1 人、检察长助理 1 人。

2011 年，政法专项编制 57 人。实有政法专项编制 49 人，工勤编制 6 人，事业编制 3 人，公益岗 5 人，全员在岗人数 63 人。其中：检察长 1 人、副检察长 5 人、检委会专职委员 1 人、检察长助理 1 人、纪检组长和政治部主任分别由两位副检察长兼任。

2012 年，政法专项编制 57 人。实有政法专项编制 49 人，工勤编制 6 人，事业编制 3 人，公益岗 5 人，全员在岗人数 63 人。其中：检察长 1 人、副检察长 5 人、检委会专职委员 1 人、检察长助理 1 人、纪检组长和政治部主任分别由两位副检察长兼任。

2013 年，政法专项编制 59 人，实有政法专项编制 53 人，检委会委员 9 人，检察员 13 人，助检员 3 人，书记员 16 人，法警 8 人，试用期 3 人，定向实习 1 人。工勤编制 5 人，事业代管 3 人。政法专项编制、工勤、事业代管和公益岗实际在岗共计 62 人。领导班子成员 7 人（其中非中共党员 1 人），中层干部 19 人，党员 34 人，大学本科 55 人，大学专科 6 人，高中 1 人。

2014 年，全院有政法专项编制人员 52 人，工勤、事业编制人员 8 人，大学以上学历 48 人，中共党员 36 人。

第六节　院址变迁

自 1984 年恢复建院以来，办公地点共有 3 次变迁。

1984 年 3 月 12 日至 1987 年 12 月 14 日，办公地点在辽源市西宁大街 61 号。

1987 年 12 月 14 日至 2004 年，办公地点在东辽县白泉镇东辽大街 3 号。

2005 年 10 月 29 日至现在，办公地点在东辽县白泉镇东辽大街 24 号，邮编：136600。

第三章

反贪污贿赂检察

第一节　职责权利范围

1993 年 9 月 16 日，东辽县编委〔1993〕第 51 号文件《关于县检察院建立反贪污贿赂局的批复》，批准建立东辽县人民检察院反贪污贿赂局，副局级（科）建制，隶属于县人民检察院领导，人员编制由院内部调剂，同时撤销经济检察科。

根据 1979 年 12 月 15 日，最高人民法院、最高人民检察院、公安部《关于执行刑事诉讼法规定的案件管辖范围的通知》和 1997 年 1 月 1 日起施行的《刑事诉讼法》的规定，东辽县人民检察院反贪污贿赂局主要职权是：负责对全县贪污、贿赂、偷（抗）税、假冒商标等经济犯罪案件侦查预审工作；直接办理副科级干部贪污贿赂等经济犯罪案件，法律政策问题的请示；研究指导派驻检察室工作；研究经济检察业务基础化、规范化、制度化和科学化等工作。2002 年机构改革后，反贪局下设侦查一科、侦查二科。

《中华人民共和国刑事诉讼法》《中华人民共和国人民检察组织法》规定，对违反经济法规构成犯罪，需要追究刑事责任的案件，检察机关经济检察部门可直接受理，自行侦查。通过依法行使经济检察权，同破坏社会主义经济秩序行为做斗争，惩罚犯罪，保护国家、集体、公民的合法经济权益。

第二节　查处贪污贿赂犯罪案件

1984-1986 年，遵照全国人大常委会《关于严惩严重经济犯罪活动的决定》和最高人民检察院提出的"用一年左右时间，把严重经济犯罪分子的嚣张气焰压下去"的指示，在狠狠打击严重刑事犯罪的同时，把打击严重经济犯罪作为主要任务来抓，采取了打好两个"总体战"的措施。一是组织院内人员打好总体战。在从各科室抽调人员，充实经济检察科办案的基础上，又部署其他各科室在完成本科业务的同时，承办经济案件。对特大案件，全院统一调动力量打歼灭战。二是打好全社会总体战。在县委的统一指挥下，落实"抓系统、系统抓"的经验，主动配合各系统开展打击经济犯罪活动，同时落实定案件、定人员、定时间、包质量的"三定一包"办案责任制，增强办案人员的责任心、紧迫感，多办案，办大案，在相关部门的密切配合下，打击经济犯罪斗争取得了显著成绩。1984年，在经济检察科人员少、无办案交通工具的情况下，克服困难，努力挖掘案源，在不到9个月的时间里，办结了8起贪污、滥砍盗伐的案件，使经济检察工作初步打开了局面。1985年，认真贯彻全国政法工作会议和省院召开的"侦破重大经济犯罪案件会议"精神，根据上级院的部署，经报县委批准，成立了经济犯罪侦查大队，初步建立起一支适应开展打击经济犯罪特点的侦查队伍，克服"证难取、案难办、关系网难破"的畏难情绪，深入各系统调查研究，了解情况，主动出击，毫不动摇地查处了一批乘改革之机，打着开放搞活的幌子，侵吞国家集体财产的经济犯罪分子，极大地推动了打击经济犯罪斗争的深入开展。全年办结经济犯罪案件15件，与1984年相比，增加了一倍多。其中，3万元以上的大案就有3起，完成了省院下达的各项指标。1986年，遵照中央用一年左右时间，把严重经济犯罪分子的嚣张气焰压下去的指示，努力把握经济犯罪的新动向，在掌握经济犯罪的新规律、新特点上下功夫，花气力，认真区别合法与违法，违法与犯罪的界限，努力推动打击经济犯罪斗争不断发展。全年所办案件数是1985年的2.4倍。其中3万元以上的大案占所办案件数的四分之一。3年来，共查处经济犯罪案件82件88人，立案侦查57件63人，提起公诉41件45人，定罪免诉16件18人。对其余31件不够立案的，及时移交有关部门处理。共追缴赃款赃物价值46.7万余元，有力地严惩了各种严重经济犯罪，促进了全县经济体制改革的顺利进行。

1987—1989年，坚持不懈地开展打击严重经济犯罪的斗争，为治理整顿和全面深化改革服务。继续深入贯彻全国人大常委会《关于严惩严重破坏经济的罪犯的决定》，始终把打击经济犯罪的斗争，特别是把反贪污、反受贿的斗争放在检察工作的首位，不断地加强经济检察工作。党的十三届四中全会以后，深入宣传贯彻最高检和最高法《关于贪污受贿投机倒把等犯罪分子必须在限期内自首坦白的通告》，掀起了反贪污、反贿赂斗争的高潮。经济检察工作逐年取得新的进展，查处了一大批贪污、受贿等经济犯罪分子，打击了严重经济犯罪分子的嚣张气焰。3年中，共受理经济案件线索189件，审查线索158件。审查后，决定立案侦查经济犯罪案件78件94人，其中贪污、受贿、挪用公款65件78人，偷税、抗税案件12件15人，诈骗1件2人，重大案件15件32人。依法逮捕了犯罪分子29人，报送市院审查1件2人，起诉29件37人，免予起诉35件39人，未结案13件16人，为国家挽回经济损失147.5万元。

加强对打击经济犯罪斗争的领导。认真贯彻党中央、全国人大关于打击经济犯罪的各项决议和指示，及时贯彻落实中央政法委、上级院关于打击经济犯罪活动的部署；建立了大要案及时向县委和上级院请示汇报的工作制度，在县委和上级院的指挥和部署下，搞好大、要案的查处；建立了对打击经济犯罪斗争检察长亲自抓、主管副检察长全力抓、其他副检察长配合抓的领导机制，正、副检察长深入一线，对大、要案亲自调查取证和提审被告，以保证打击经济犯罪斗争在县委、人大和上级院的直接领导、监督下，沿着中央的部署前进。

建立经济犯罪举报中心，积极开展法制宣传，广泛搜集经济犯罪线索。设立了法律咨询站，对全县大部分乡镇，特别对人口集中、乡镇工业较多的重点乡镇进行了一年多次的设站宣传，充分利用广播、印发传单、张贴标语和上法制课等方式进行打击经济犯罪的法制宣传，鼓励群众检举揭发经济犯罪。1988 年，根据打击经济犯罪深入发展的需要，适时地建立了经济犯罪举报中心。1989 年，借鉴外地经验，制定了对检举经济犯罪有功者进行奖励的试行办法和对举报人保密的制度，设立了自动录音举报电话，方便、鼓励和保护群众对经济犯罪的举报。共搜集群众举报的各类经济犯罪线索 201 件，查处经济犯罪分子 94 人，有力地打击了经济犯罪活动。

加速由经济检察型向经济侦查型的转化。随着严惩严重破坏经济犯罪斗争形势的深入发展，检察机关的经济检察已由发案单位移送案件、经济科进行复核审查逐步转移到群众举报、经济科根据举报线索进行侦查立案，直至发展到目前的走上街头、深入乡村、走进企业深挖经济犯罪线索。检察机关的经济检察工作已经由经济检察型转换为经济侦查型。为适应这一历史的现实变化，院党组在实践中努力探索，不断总结，注重培养干警的侦查意识，努力提高侦查破案能力，狠抓发现证据、获取证据和熟练运用证据的基本训练。工作中采用讯问、调查、取证同步进行，做到获取证据迅速，不给案犯毁灭证据、转移赃物的机会，及时捕捉战机，迅速出击。

改革侦查方式，强化自我监督。根据中央关于查处经济犯罪案件"一要坚决，二要慎重，务求搞准"的原则，加强了院内经济检察工作的自我监督机制，彻底改变了经济案件的侦查、批捕、起诉三个办案环节集于一个科室一组办案人员的做法。采取了经济科立案后，报刑事检察一科进行审查批捕，批捕的案件由经济科侦查终结后，移送到刑事检察二科审查起诉的办案制度，实现了经济案件的侦查、批捕、起诉三个环节在三个科室进行互相制约的体制。基本上完善了自侦案件的院内自我监督机制，从办案程序上，有效地防止了冤、假、错案的发生，提高了案件质量。

多渠道解决办案经费和办案交通工具，做好打击经济犯罪的后勤工作。办理经济案件耗资大，需要交通工具多，在自身力所不及的情况下，为不影响打击经济犯罪斗争的开展，积极想办法，争取受益单位及其主管部门的支持，以求得办案必不可少的经费和交通工具，保证及时惩处罪犯，保护发案单位的生产和经营活动。仅 1989 年统计，发案单位支付的差旅费就近万元，没有他们的资助，完成打击经济犯罪的任务是十分艰难的。

宣传贯彻两高《通告》，促使贪污、受贿等经济犯罪分子坦白自首，把打击经济犯罪斗争推向新高潮。两高《通告》发表后的第二天就走上街头宣传。在《通告》限期内的 76 个日日夜夜里，一手抓宣传发动，一手抓经济犯罪案件的查处。在县委和上级院的直接领导和统一部署下，迅速组织干警，全院紧急动员，出动囚车、警车、摩托车等所有交通工具，下乡镇、进企业，宣传两高《通告》。通过设立宣传站，张贴标语，散发《通告》和市院印刷的"敦促经济犯罪分子限期内自首"的宣传单，对贪污、受贿犯罪分子展开了强大的政治攻势，其间，为了加强经济案件线索的侦查工作，从各科室抽调了 8 名干警，其中 6 名检察员，4 名科长、副科长，加强经济侦查力量。对有关人员和被举报人进行面对面的宣传《通告》，促使有贪污、受贿行为的人走坦白自首之路。在两个半月的时间里，共受理了经济犯罪线索38件，立案20件，受理投案自首人员11人，为国家挽回经济损失6万余元。为此，17名同志受到上级院的表彰奖励。

1990-1992年，根据邓小平同志提出的"一手抓改革开放，一手抓打击经济犯罪"的方针，积极配合其他部门进行"三清四查"、财务税收大检查等活动，先后在粮食、金融系统以及农村开展了以惩治贪污贿赂为重点的打击严重经济犯罪活动。按照上级院的部署，打击经济犯罪的重点转入到开展反贪污、贿赂斗争中来。3年间，通过办案延伸服务职能，积极为经济建设保驾护航。共受理经济案件线索154件，立案侦查88件104人，其中贪污案31件38人，贿赂案7件7人，挪用公款案27件29人，偷、抗税等案件23件30人。上述案件中，大案15件15人，依法逮捕犯罪分子39人，提起公诉65件74人，免予起诉22件28人，待审结1件2人。通过办案为国家和集体挽回直接经济损失153.4万元。

为适应深化经济体制改革的需要，不间断地对经济检察干警进行了社会主义商品经济、社会主义市场经济的教育，对在计划经济体制条件下制定的法律进行再学习、再认识，把三个"有利于"作为衡量经济行为的是非、功过、罪与非罪的界限，牢牢把握反贪污、贿赂斗争的正确方向。在斗争的不同时期，针对部分干警在强调"打击是最直接、最有效、最重要的服务手段"而出现的重打击轻服务、轻综合治理；在强调挖"穷庙里的富方丈"而出现的对经济效益好的企业中的经济犯罪打击不力；在强调执行法律要与各级政府出台的新政策、新措施相行不悖而出现的对深入开展反贪污、贿赂感到手足无措等思想实际，认真进行"两手抓，两手都要硬"方针的教育，努力使干警明确三个关系，树立三个思想。即明确"两反"斗争与改革开放的关系，树立长期作战的思想；明确"两反"斗争与经济建设的关系，树立自觉服务的思想；明确"两反"斗争与廉政建设的关系，树立反腐倡廉的思想。通过长抓不懈的教育与思想灌输，广大干警紧紧围绕县委工作中心，审时度势，积极稳妥地深入开展反贪污、贿赂斗争，以实际行动自觉地为发展社会主义商品经济、社会主义市场经济服务。

紧紧抓住大、要案破坏性大、危害深，侦破一件大、要案，对经济犯罪打击大、震慑大，能够瓦解、挽救、教育一片的特点，积极查处大、要案。共立案侦查大、要案15件15人。坚持了大、要案的请示报告制度，发现大、要案线索，及时向县委和上级院报告。坚持了大、要案领导挂帅出征，亲自指挥参与办案的工作制度。办案中，努力培养干警的侦查意识，提高侦查水平，深挖大要案线索，突破大要案。

为了适应反贪污、贿赂斗争深入发展的需要，经请示上级院，1990年把经济罪案举报中心划归经济犯罪侦查队统一管理，实现了举报——初查——侦查一体化的管理体制，进一步提高了整体作战能力和快速反应能力。为了延伸检察机关在各个领域的触角，拓宽视野，使打击经济犯罪的组织系统网络化，继成立税务检察室之后，相继在供销、农行、审计、工商等系统和渭津镇、金岗镇派驻了检察室，直接受理群众举报，使"抓系统、系统抓"这一行之有效的经验得到更进一步发展。

紧紧抓住案源这一深入开展反贪污、贿赂斗争的关键，依靠群众，拓宽案源渠道。坚持做好来访群众的接待和信函登记传递工作，及时筛选、甄别案件线索，迅速开展调查。同时认真做好举报反馈工作，将群众来访和署名举报线索的审查结果及时反馈给来访群众或署名举报人，鼓励举报，取信于民。通过召开公开处理大会，利用宽严典型，进一步发动群众，激发广大人民群众同经济犯罪做斗争的热情。加强同纪检、监察等部门的协作与联系，通过实行案件移送和联席会议制度，互通情报，扩大案件线索。强化经济检察的信息网络建设，继续发展了一批公开的检察联络员和秘密信息员，使举报工作形成网络。

1993 –1997 年，根据反腐败斗争的需要，按照上级院的要求，经县编办批准，1993 年 9 月 16 日，成立了东辽县人民检察院反贪污贿赂局，副科级建制，隶属本院领导。反贪局成立后，集中力量查办"三机关一部门"（党政机关、行政执法机关、司法机关和经济管理部门）工作人员贪赃枉法犯罪案件和发生在金融领域、建筑领域及国有企业中的贪污贿赂犯罪案件，把查处大、要案，作为反贪工作重点和目标。5 年间，共立案查办贪污贿赂等经济犯罪案件 108 件 126 人。其中，贪污罪案件 49 件 57 人，贿赂罪案件 25 件 31 人，挪用公款罪案件 24 件 25 人，偷抗税罪案件 10 件 13 人；立案查办 "侵权"、渎职罪案件 25 件 32 人。通过办案，为国家和集体挽回经济损失 300 余万元。

查办了一批发生在"三机关一部门"中的贪污贿赂罪案件及在社会上有影响、有震动的大、要案。始终坚持"严格执法，狠抓办案"的方针，不管涉及什么人，不管遇到多大困难和阻力，都毫不动摇，一查到底，并始终不渝地贯彻"从严从重"方针，不断加大打击力度。立案查办了 18 件贪污贿赂罪案件。其间，重点查办了贪污贿赂万元以上、挪用公款 5 万元以上的大案 53 件，数额在 10 万元到 50 万元之间要案 9 件。大、要案数占 5 年中立案总数的 49%。特别是 1996 年和 1997 年，在查办案件工作中，突出重点，突破死角，不断加大查办大、要案的工作力度，共查办大、要案 27 件，占这两年立案数的 87%。在查办大、要案中，对携款外逃的犯罪嫌疑人加强了抓捕工作。如，原云顶镇经管站农业基金会出纳员王友富，在 1994 年利用职务之便，贪污了巨额农民基金会扩股股金后，携款潜逃。其犯罪行为严重影响了基金会在农民群众中的威信，引起了农民的极大愤慨，在当地和社会上造成了恶劣影响。当即决定由主管副检察长带队，组织精干力量深入发案地，对此案深挖细查。在广大干警的努力下，查实了王友富贪污公款10余万元的重大犯罪事实，同时根据他先后逃窜山东、河北、黑龙江省等地，行踪不定的特点，制定了周密的抓捕方案，采取布控、搜集情报、跟踪调查等措施，检察长亲临一线办案，靠前指挥，终于将其抓捕归案。5年里，先后立案查处非法拘禁、刑讯逼供、玩忽职守、重大责任事故等类案件25件32人。有力地维护了党政机关依法行政的正常秩序，保障了机关干部队伍的纯洁，有效地遏制了腐败在国家机关中的滋生和蔓延，保护了人民群众的切身利益，密切了党和政府同人民群众的血肉联系。先后依法查处了17件发生在农村、乡镇、站、所中的贪污贿赂犯罪案件。

在县委的领导和有关部门密切配合下，重点打击了向农民出售假种子、假化肥、假农药等坑农害农案件，突出查办了一批村干部违法乱纪、以权谋私和加重农民负担的案件。5年来，对构成犯罪的12名村干部进行了立案侦查，并依法追究了刑事责任。同时查处了8起向农民出售假种子、假化肥的案件。特别是1997年初，针对农民集体上访和联名举报有上升苗头之际，把解决农民问题放在讲政治的高度来抓，努力维护大局稳定。先后受理了9件村民联名举报村党支部书记、村长有经济问题等案件线索，这些村民情绪激愤，反响强烈，并有越级上访的可能。针对这一情况，主管副检察长牵头，协调有关部门参加，积极开展调查，及时做好反馈和疏导工作，并与有关部门一起进行妥善处理。尽管这些案件线索经过认真调查取证后，没有一件达到立案标准，但是通过大量细致的工作，稳定了农民的情绪，保护了农民的生产积极性，为大局的稳定做出了积极的努力，收到了良好的社会效果和法律效果。

1998-2002年，突出查办职务犯罪大、要案，推动反腐败斗争深入开展。继续保持查办职务犯罪工作的强劲势头。5年来，反贪污贿赂工作共初查案件线索114件，立案52件55人。大、要案29件30人，大、要案率为56%。大、要案中有乡（局）级领导干部8人。通过办案为国家挽回经济损失200余万元。

2003-2005年，围绕全县工作大局，充分发挥检察职能，依法查处、惩治了一批职务犯罪分子，为反腐败斗争的深入开展，服务党的工作大局做出了积极的努力。共立案查处各类职务犯罪案件34件50人。其中，贪污案17件32人，贿赂案11件11人，挪用公款案6件7人。在所立案件中大案12件21人，要案6件6人，大、要案率占51.7%；法院已做出有罪判决22件36人，有罪判决率72%；通过办案共为国家挽回经济损失185万元。反贪局曾多次被省、市院评为优胜反贪局，并被市院荣记集体三等功、被县委授予模范集体称号，反贪干警多人次被荣记个人三等功，查处和预防职务犯罪工作得到了省、市人大的充分肯定。

注重突破和控制案件的关键环节，达到一带一大串的办案效果，有利于搜集固定证据，成案率较高。如在侦查吉林省粮油运销总公司白泉粮库检斤员宋雪加等3人涉嫌合伙贪污30余万元大案中，巧妙控制有利线索，从而查实了吉林省粮油运销总公司白泉粮库监卸员刘希坤等2人也参与此案，每人分得12万元人民币的犯罪事实，于是对刘希坤等2人进行了立案侦查。努力挖掘案件线索。如：在侦办泉太粮库原财务科长王大力挪用公款案时，在对王大力采取强制措施后，其辩称动用公款本单位一把手知道，想让单位领导为其承担责任，当得知单位领导没有为其承担责任后，心里表现极不平衡，言谈中透露出"要翻船大家都下水"

的话，侦查人员敏感地意识到其中可能有问题，便有意对其进行巧妙的审查，果然王大力情急之下讲出了在其向本单位销售玉米过程中，为了表示感谢，送给一把手 5000 元的情况，我们抓住了这一线索，立即传讯并及时固定相关证据，很快查清了其收受贿赂的犯罪事实。

注重协调和统一，保证查办职务犯罪大要案质量。打破以往单兵分组作战和一人接案承办到底的传统方式，实行全局（科）一盘棋，强化整体协同作战，案件初查、侦查、审讯、取证均由检察长、分管副检察长统一指挥调配，充分发挥整体优势，集中优势兵力打歼灭战。如：在查处原县科技局局长王志国涉嫌受贿案过程中，面对该案牵涉出的众多涉案人员和犯罪线索，将反贪局全体干警分成取证、审讯、搜查、追赃等若干小组，在检察长、分管副检察长的直接指挥下，连夜突击传讯全部涉案人员，同时根据案件进展情况及时调整各组侦讯力量，确保其力量组合发挥最佳效果。经过连续 3 天的艰苦奋战，查清了王志国受贿 1 万元的犯罪事实。体现出整体作战在侦破大要案中的优势效应。2003 年，在组织查办原东辽县通信分公司经理刘建林等 3 人合伙贪污案件时，调动反贪全体干警，打破以往经验性做法，同时邀请公安机关予以配合，并成立讯问取证组、查账组、安全防范组，在检察长的亲自指挥下，大家齐心协力，一举侦破了刘建林等 3 人合伙贪污大案，在市县通讯系统引起了较大的震动，也为规范通讯行业内部机制完善起到了重大的推动作用。渎检部门在办理原东辽县劳动和社会保障局副局长李才滥用职权一案时，发现其存在涉嫌经济犯罪，于是立即将此案件线索转反贪部门查处，查清了李才收受贿赂 3.9 万元的犯罪事实。严格落实案件保密措施。对收集和捕捉到的大要案线索以及查证的相关证据材料，均由检察长、分管副检察长和反贪局长亲自掌握并确定专人负责，严格控制案情知情面，严防案情出现失密泄密等情况，确保侦查工作的隐蔽性和突然性，使查处案件都能在安全保密情况下进行。3 年来，没有发生任何人身安全事故。

注重克服只注重案件数量、不注意案件数额大小和办案省力的错误思想。如：查处的平岗镇土地所原所长贪污案，该所长采取收款不入账、给用地群众打白条的方式贪污群众建房屋申请土地款。经过初查开始只查出其贪污 1.6 万元的犯罪事实，并以此立案。由于该案涉及的证人难找，分布在平岗镇各个村，办案人员便想草率收兵。分管副检察长发现此苗头后，亲自部署并带领办案人员利用五一假期，走遍平岗镇所属 11 个村，调取证据百余份，最后查实该所长贪污 5.3 万元的犯罪事实，把一起小案查成大案。

坚持以质量为本，快侦快结，采取侦诉联动、公诉引导侦查、确保案件质量的做法，着眼点在于改变以往过于强调检察机关内部公诉部门与自侦部门的分工与制约而缺乏必要的配合与沟通的状况，通过将公诉证据和质量关口前移至侦查阶段，增强取证的针对性和适诉性，使公诉和自侦部门加强协作，形成合力，提高查办职务犯罪的质量和效率。如：在查处县劳动和社会保障局副局长李才受贿案时，通过察微析疑仅用 2 天时间又突破了 3 起贿赂案。由于在侦查终结前主动邀请主诉检察官介入，实行侦诉"会诊"，为案件顺利提起公诉节省了时间，使这 4 起贿赂案在不到一个月内便侦结移送起诉，法院对这 4 起案件的 4 名犯罪嫌疑人都做出了有罪判决。

2006—2011 年，突出查办群众反映强烈的职务犯罪案件，加大反腐倡廉工作力度。积极参与了整顿市场经济秩序专项活动，对影响企业改制和发展的职务犯罪案件组织精干力量认真查处，办理的涉企案件数量明显提高。坚持"一要坚决、二要慎重、务必搞准"的原则，集中力量查办大、要案，对重点领域和重点环节，加大案件线索排查力度，取得了较好的查办效果。共立案侦查各类职务犯罪案件 67 件 90 人。其中，贪污贿赂、挪用公款案件 41 件 60 人，通过办案为国家挽回直接经济损失 500 余万元。注重完善办案机制，强化内外协作，从体制机制上为办案提供保障。对内注重整合资源，优化配置，推进检察一体化建设，提高实战效能，增强发现和查证犯罪的能力。对外加强与公安、法院、纪检监察、审计、信访等相关部门的协作，建立经常性协调联络机制，畅通信息渠道。

2012 年，认真贯彻落实省、市院工作部署，致力践行以"忠诚，为民，公正，廉洁"为主题的政法干警核心价值观，紧紧围绕检察工作主题，坚持以执法办案为核心，以服务大局、维护稳定、促进民生为宗旨，以队伍建设、规范执法为保障，突破限制，更新观念，努力进取，开拓争优，全面履行反贪工作职能。

坚持以查办案件为重心，不断加大办案力度。全年共立案侦查 8 件 11 人，其中大案 6 件 9 人，不但完成了案件数量，也增加了质量和分量，侦结率、移送起诉率均达到 100%，已有 6 件 7 人做出了有罪判决。坚持办案方式灵活多变，指挥调度因案、因时而异。在侦查工作中注意把握时机和节奏，尤其对重大案件、说情干扰严重的案件，科学指挥调度，集中优势兵力，迅速出击，迅速突破，不给犯罪分子喘息之机。如：在侦查长春市二道区法院干警和本县房屋征收过程中受贿案时，均在短时间内收集到有力的外围证据。在县域房屋征收环节深入摸排该领域存在的腐败问题，仅一周时间，立案 5 件 6 人。办案中慎用强制措施，严格执行传唤、拘传、拘留、逮捕的相关法律规定，杜绝变相拘禁犯罪嫌人，变相剥夺、限制证人人身自由和采用刑讯逼供等暴力手段违法讯问、取证行为，坚持对讯问进行全程同步录音录像。严格遵守诉讼程序，做到不越职权，不缺手续，不拖时间，保证犯罪嫌疑人和证人的各种权利。针对犯罪嫌疑人的异常表现，选择合适人选与之谈话，进行疏导。针对办案过程中出现的少数干警情绪急躁等情况，及时做好沟通、教育工作。用严格的制度规范办案活动，用严明的纪律和严密的监督保证办案安全。

2013 年，按照党的十八大提出的关于始终保持惩治腐败高压态势，坚决查处大、要案，着力解决发生在群众身边的腐败问题的要求，在涉及民生领域、群众关注的热点方面开展了专项工作，全年共立案侦查各类职务犯罪案件 25 件 43 人，与上年同比分别上升 92% 和 115%，为国家挽回直接经济损失 200 余万元。主动与财政、民政、农业、畜牧等部门沟通联系，对惠民政策落实情况进行实地查询，立案查处影响惠民政策落实、损害群众利益的贪污贿赂等职务犯罪案件 8 件 19 人，比往年有较大幅度提高。查处的县某局工作人员伙同社会闲散人员非法制作虚假失业职工档案，为他人违法办理失业证，从中收受贿赂案，以及基层村干部利用林地征收之机侵占林地补偿款案，在社会上均产生了较大反响。

2014 年，坚持以执法办案为核心，以服务大局、维护稳定、服务民生为宗旨，以队伍建设、规范执法为保障，以查办有影响、有震动的专项案件和直接关系群众切身利益案件为突破点，更新观念，突破限制，努力进取，开拓争先，认真履行反贪工作职能。

坚持查办群众关注的民生焦点、热点案件的工作思路，突出办案重点。受理贪污贿赂案件线索 27 件，经审查立案 24 件 25 人，其中：大案 7 件 8 人，贪污案 2 件 3 人，行贿案 5 件 5 人，受贿案 17 件 17 人，所立案中，涉及教育领域专项案件 15 件 15 人；共为国家挽回直接经济损失 130 余万元，收到良好的社会效果。

为了规避人际关系对案件办理的干扰，推进侦查一体化，充分利用管辖权的转移和特定侦查人员的回避做好案件突破工作，将部分案件线索和办理移交到上级院，或指定给与涉案人员陌生的侦查人员办理，较好地解决和排除了案件办理过程中的各种阻力。如：在市院主办的两起贪污受贿案件过程中，先后派遣 10 余名经验丰富的看护人员前往市院办案区做好看护工作，一方面有利于看审分离制度的深入落实，另一方面也在很大程度上缓解了市院的办案压力；与此同时，反贪部门干警积极做好外围取证工作，在短时间内为市院提供必要的案件侦查信息。4 月 9日，在办理市院审查移交的 3 人行贿犯罪线索案件中，当天就突破全部线索，立案 3 件 3 人，同时为市院查办嫌疑人受贿犯罪提供了必要的证据和有利的侦查契机。

第四章

职务犯罪预防

1984 年，恢复建院以来，东辽县检察院紧紧围绕为经济建设服务这个工作重心，强化服务意识，提高服务质量，落实服务措施，坚持"标本兼治，重在治本"的工作方针，在查办贪污贿赂犯罪案件的同时，加强对职务犯罪特点和规律的探索研究，积极主动开展职务犯罪预防工作，为东辽县的经济改革、社会发展、和谐稳定做出了一定贡献。

1998-2002 年，在开展查办职务犯罪工作中，积极探索了职务犯罪预防工作的新途径。开展了个案预防，先后在县教育系统、渭津镇等地召开了系统预防和区域预防工作会议，初步形成了"点、线、面"的整体预防格局，并在全市检察系统做了经验介绍，得到了市、县领导充分肯定。为营造良好的经济发展软环境，做出了积极的努力。

2003-2005 年，在查处职务犯罪的同时，注重职务犯罪的预防工作，努力从源头上防止职务犯罪的发生。协助县委成立预防职务犯罪领导小组。在本院的积极努力协调下，成立了由 8 个成员单位组成的预防职务犯罪工作领导小组，形成了在县委领导下的党政齐抓共管、各部门积极配合、群众积极参与的、打防并举、重在治本的预防职务犯罪新格局，为预防职务犯罪做好了组织保证。突出对重点对象的预防。如：结合办理小城村村干部贪污案，选择安恕镇小城村作为重点预防对象，建立了预防职务犯罪联系点，责令该村涉嫌贪污犯罪的原村长写了犯罪悔过书，开展警示教育。突出对重点领域的预防。把县农业银行、农业发展银行、教育局、交通局、国家粮食储备库等单位确定为预防职务犯罪联系点，进行重点领域预防。至 2004 年，已建立预防职务犯罪联系点 20 余个。突出对重点时机的预防。在县交通局农村公路施工招标之际，派员直接参加施工项目的招标、开标仪式，使这一工作在依法监督下公开、公正地进行。抓好预防职务犯罪教育基地建设。经请示县委同意，在县委党校建立了预防职务犯罪教育基地，为深入开展预防职务犯罪工作搭建了新的平台。开展预防职务犯罪理论研究，增强理论指导实践的能力。3年来，全院干警撰写预防职务犯罪论文 30 余篇。

2006~2010 年，立足标本兼治，加大预防职务犯罪工作力度。加强对预防职务犯罪工作的组织协调，推动预防职务犯罪工作全面开展。认真贯彻省院《预防职务犯罪工作绩效考评实施细则（试行）》，构筑预防网络，多管齐下，源头防腐，注重实效。加强行业联系，建立健全行业预防工作协调沟通机制，形成预防合力。开办预防讲座，举办图片巡展，注重预防宣传。在县、乡各级机构中，建立 40 多个预防联系点，保持与预防联系点的经常性联系。结合办案开展个案预防、系统预防和行业预防。积极开展预防职务犯罪专题调研，努力探索预防规律，不断增强指导实践能力。

2011 年，认真贯彻中央提出的反腐败要坚持"打防并举，标本兼治"的方针，充分发挥检察职能，积极探索遏制腐败、预防职务犯罪的有效途径。成立了预防科，由以往的监所科代管变为专门科室，调整了人员，强化组织保证。按照绩效考核量化标准，进行了工作目标分解，既分工负责，又相互配合，便于工作开展。开展行贿犯罪档案查询工作，受理政府采购中心、城建部门、暖房办提请的行贿犯罪档案查询 30 余件；派员对开评标工作进行现场监督，参加开标现场监督 3 次；提请查询行贿犯罪档案 13 件 60 次；向县人大代表、政协委员、各乡镇、各局发放了关于开展预防职务犯罪警示教育宣讲活动的函件。在县联社、县农机、县林业系统、县土地局、县政府采购办公室等单位开展了 57 次警示教育活动，1000 余人受到教育。对县卫生局、城建局、农机局、农业局、政府采购中心、联社共 6 个部门开展了预防调查工作，并针对发现的问题对县水利、金融等系统提出检察建议 15 份。对全县多个单位、系统进行预防咨询 53 次。对已办结的 10 起职务犯罪案例进行了深入的剖析。总结特点，分析原因，商讨对策。

2012 年，继续加大预防职务犯罪工作力度，促进县域经济发展和社会和谐稳定。受理城建、水利等部门和个人提请的行贿犯罪档案查询 30 余次。对县财政局、教育局，城建局等部门开展预防调查工作 6 次，针对发现的问题对其提出检察建议 15 份。为县直机关中层及以上干部、开发区各企业、各司法所和部分社区举办警示教育宣传讲座 20 次，受教育人数达 500 人。

2013 年，按照上级院和县委的要求，正式成立了职务犯罪预防科。根据职务犯罪预防工作要求，重新调整成立了预防职务犯罪工作领导小组。组长由县委副书记、政法委书记担任。副组长由检察长、县纪委副书记、县政法委副书记担任。办公室设在县检察院，负责领导小组的日常工作。预防职务犯罪领导小组的成立，改变了过去的检察院单独开展职务犯罪预防工作的状况，形成了党委领导、检察院主抓、各部门配合的大预防格局。在开展预防警示教育进机关、进企业、进乡村、进学校、进社区"五进"活动基础上，会同党校起草了《东辽县预防职务犯罪警示教育进党校工作细则》，在县委党校举办的 6 期公务员培训班上，把职务犯罪预防警示教育课列入其中。全县已有 18 个单位和检察院签订了预防职务犯罪协议，聘请有关人员讲警示教育课 50 余次，接受预防职务犯罪警示教育的人数达到了 4000 余人次。以预防职务犯罪工作领导小组为依托，成立了东辽县职务预防犯罪社会宣传警示教育工作领导组织。通过东辽电视台向社会发布了 2 次预防职务犯罪讲座，在集市上进行多次预防职务犯罪宣传，发放宣传单 2000 余份，在县广播电视台播放廉政公益广告，重点展播了《李雪健篇》《林丹篇》《朋友篇》《规矩·方圆》4部电视作品和《进去就出不来了》1部动漫作品；组织文广新局编创了具有廉政教育意义的小品《典型》，已由东辽县山杏艺术团在乡镇演出7场次。出台了服务民营企业8项规定，在东辽县经济开发区建立了检察服务站。在县直机关、事业单位和乡镇开展职务犯罪预防试点工作，在泉太镇设立乡镇试点。教育系统的试点设在金岗小学。

与新农村办公室、城建局、审计局联合成立了服务新农村建设办公室。与乡镇和全县45个省级新农村、15个县级新农村村干部座谈，通过制作并发放新农村领导班子廉政承诺书、新农村建设投入资金登记表、物资使用登记表、致新农村领导班子廉政建设一封信等形式，确保新农村项目专项资金的使用安全。主动参与白泉镇等乡镇的矛盾化解工作，参与调解纠纷35次，其中：土地纠纷23起、离婚纠纷5起、赡养纠纷2起、邻里矛盾纠纷3次，参与社区矫正工作5次。

根据《中共吉林省委、吉林省政府关于突出发展民营经济的意见》的精神，制定出台了《关于为推进民营经济发展提供法律服务的意见》，共8条内容。意见是在征求部分民营企业法人代表、民营企业主管部门，特别是在县委、县人大、县政府、县政协主要领导意见的基础上出台的，具有很强的针对性和操作性。在民营企业中选取17户作为帮扶对象，制作了"帮扶民营企业工作一览表"，确定了帮扶领导和联络员，分工明确，责任到人；与17户帮扶企业签订了《检企共建协议书》，开展"检企共建"活动，为了让企业充分表达意见，请企业填写"司法需求"表，真正了解企业的司法需求，共同协商确定服务内容；成立了"服务科技创新维权中心领导组织"，深入到一汽四环企业院士工作站和吉林省元隆达工装设备有限公司、金翼蛋品有限公司、辽源市华龙起重选矿设备有限公司等4户企业研发中心进行调研，填写《服务科技创新工作登记表》，了解企业需求，形成沟通机制，明确服务方向、服务重点。

开展食品、药品安全领域职务犯罪预防。根据吉检会〔2013〕7号文件精神，制定了《东辽县人民检察院与东辽县食品药品监督管理局预防职务犯罪工作联席会议制度》，根据联席会议制度，组织食品药品监督管理局工作人员到东丰监狱接受警示教育，和食品药品监督管理局联合开展预防调查，围绕"三个线"来开展工作，即：宣传警示教育筑牢思想防线、制度规范约束行为底线、及时建议整改亮警示红线。

2014年，在全县职务犯罪易发多发单位开展经常性的预防教育；结合办案主动向党委、政府报送预防调查报告；向有关单位提出预防建议，提升预防工作效果。完成预防调查7件、案例分析10件、行贿犯罪档案查询210件、发检察建议15份、警示教育20余次、500余人受到教育；签订《新农村班子成员廉政承诺书》11份；介入教育系统案件预防16件16人；对县农机局、乡镇财政所、农机站近40名负责人进行了预防警示宣传；有18家单位的预防责任区与我院签订了预防职务犯罪协议。结合实际摘编了与企业生产经营息息相关的《公司（企业）及法人涉案罪名摘编》，供民营企业法人及员工学习参考，已发放500余册。

第五章

渎职侵权检察

第一节　职责权利范围

渎职侵权检察工作是检察机关法律监督的重要组成部分。渎职侵权检察是指人民检察院对国家机关工作人员渎职犯罪行为和利用职权实施的非法拘禁、刑讯逼供、非法搜查等侵犯公民民主权利、人身权利的犯罪行为实施法律监督的活动。渎职侵权检察的基本任务是：通过行使检察权、查办和惩治国家机关工作人员渎职犯罪和侵犯公民人身权利、民主权利的犯罪，以巩固人民民主专政，维护国检机关的正常工作秩序、司法程序和管理活动，保护公民的人身权利、民主权利不受侵犯，保障社会主义法治的统一正确实施。

一、依据 1979 年《中华人民共和国刑法》和《中华人民共和国刑事诉讼法》第 13 条规定，以及最高人民法院、最高人民检察院、公安部《关于执行刑事诉讼法规定的案件管辖范围的通知》和《中华人民共和国人民检察院组织法》，检察机关管辖 16 种渎职侵权案件，以及人民检察院认为需要自己直接受理的其他案件。

二、依据 1997 年《中华人民共和国刑法》和《中华人民共和国刑事诉讼法》，检察机关管辖渎职侵权案件增加至 33 种。此外，国家机关工作人员利用职权实施的侵犯公民人身权利、民主权利犯罪案件 7 种。渎职侵权案件管辖总计 40 种。

三、1998 年，根据最高人民检察院《关于重新明确监所检察部门的办案范围的通知》，渎职侵权案件中的 4 种案件由监所检察部门管辖。渎职侵权检察实际管辖 36 种罪案。

2002 年 12 月，根据《吉林省人民检察院机关机构改革方案》精神和吉编办函〔2002〕19号、东辽县编办函〔2002〕1号文件精神，原法纪检察科更名为渎职侵权检察科。

2008年，经上级院、县委和县编办批准，渎职侵权检察科升格为东辽县人民检察院反渎职侵权局，副科级建制，下设侦查科。

第二节　查处渎职侵权犯罪案件

1984-1986年，在严厉打击刑事犯罪和经济犯罪活动的同时，切实加强法纪、监所、控告申诉等检察工作。3年共受理法纪案件19件26人，经审查，提起公诉9件13人，免予起诉4件6人。在开展法纪检察工作中，与县纪委、劳动监察等部门密切配合，深入基层，广泛宣传加强法制及安全生产教育。对违法乱纪，非法拘禁案件进行了坚决查处。会同有关部门对一些乡镇企业进行安全检查，及时纠正违法、违章行为。对玩忽职守、给国家财产和人民生命安全造成重大损失的直接责任者，依法追究了刑事责任，保护了公民的合法权益，维护了正常的生产、工作秩序，敦促各工矿企业建立健全安全生产的各项制度。

1987-1989年，继续坚持开展"两打"斗争，努力做好法纪检察工作，积极查处侵犯公民民主权利、人身权利和玩忽职守、重大责任事故等犯罪案件。3年共受理案件54起，立案21件25人，其中非法拘禁3件4人，玩忽职守3件3人，重大责任事故14件17人，刑讯逼供1件1人。起诉10件11人，免予起诉9件12人，未结案2件2人。针对乡镇煤矿、石场安全管理不善，重大责任事故连续发生的实际情况，集中力量查处重大责任事故和玩忽职守案件。在办案中，注重调查研究事故发生的原因，研究防止事故发生所应采取的有效措施，及时向发案单位及主管部门发检察建议，并且深入到发生事故的厂矿、企事业单位宣传有关法律、法令、法规，会同公安、劳动、矿产办等部门对辖区的小煤矿进行了一次全面清理整顿，对私开滥采、无章或违章作业的煤矿坚决予以查封或责令停产整顿，收到良好的社会效果。针对出现的问题及时向发案单位及其主管领导机关发送检察建议书，亡羊补牢。1989 年法纪科在只有 3 名工作人员、又有 1 人被抽掉搞经济侦查的情况下，立案 12 件，为全地区之首，被市院评为先进集体。

1990-1992 年，认真贯彻落实最高检、省、市院关于加强法纪检察工作的部署，3 年中共受理法纪案件 48 件，立案侦查 28 件。其中，非法拘禁案、刑讯逼供案、非法侵宅案、伪证案各 1 件，玩忽职守案 2 件，重大责任事故案 18 件，重特大案件 4 件。

组织干警认真学习中央有关领导同志及上级院加强法纪检察工作的指示，广泛进行遵纪守法、同侵权渎职犯罪作斗争的宣传教育。根据上级院的部署，明确重点，查办大要案，重点查处了刑讯逼供、非法拘禁、玩忽职守、徇私枉法、重大责任事故案。3 年办理重、特大案件 4 件，严厉打击了侵权渎职犯罪。遵循为经济建设服务的指导思想，与企业共同唱好发展生产这台戏。如：1990 年 4 月 27 日，原平岗矿共安矿井重大责任事故案，事故发生后，办案人员组织召开了有矿领导和职工群众参加的座谈会，了解到事故的责任者李成林和徐德伦平时工作表现好，是矿井生产的指挥者和主要技术负责人，十分熟悉矿井的地质情况，对指挥矿井的抢修和恢复生产起着举足轻重的作用。根据这种情况，在侦查阶段，对两被告人采取取保候审，使其继续参加矿井抢修工作，从而大大减少了经济损失，使企业较快恢复了生产。

1993-1997 年，按照上级院的指示精神，依法查办了一批国家工作人员侵权渎职等职务犯罪案件，共立案查处非法拘禁、刑讯逼供、玩忽职守、重大责任事故等类案件 25 件 32 人。

1998 年，坚持以支持改革、保障国家的政令、法令、法规的贯彻实施为出发点，依法查处侵犯公民人身权利和民主权利、渎职、危害公共安全、妨害婚姻家庭等 4 类犯罪案件。

共受理法纪案件 12 件 15 人，立案侦查 6 件 7 人，已全部结案。根据省院的指示精神，把法纪检察的精力集中在查处案件上，重点查处重大玩忽职守案、重大责任事故案和侵权案件。如：10 月至 12 月间，中心乡大水缸煤矿和辽河源丰岗村温成久煤矿相继发生了砸死 1 人、瓦斯燃烧烧伤 5 人的两起重大责任事故。案发后，当地有关部门均未报案。得知此事后，我院迅速派侦查员赶赴现场，聘请矿山技术人员及法医做技术鉴定，及时调取证据。在基本查清事故的基础上，以重大责任事故及时予以立案。此类案件，全年共查处了 5 件 7 人。通过办理案件，打击了犯罪，教育了企业的承包经营者，促进了企业的安全生产。在依法查处案件的同时，积极向群众和企业进行法制宣传教育，达到办一案，教育一片的法律效果。先后两次同劳动监查、矿山技术部门对全县小煤矿及重点企业进行了安全生产检查，宣传党和政府的政令、法规。针对出现的问题，及时发出《纠正违法通知书》和检察建议。

1999-2002 年，以查处司法机关工作人员徇私舞弊案件为重点，初查各类案件线索 45 件，立案侦查 17 件 19 人。其中实职乡、局级干部涉嫌犯罪案件 7 件。

2003 年，结合"强化法律监督，维护公平正义"教育活动的开展，充分发挥渎职侵权检察监督的职能作用，突出查办副局级以上领导干部渎职侵权案件；突出查办充当黑恶势力"保护伞"案件以及执法犯法的渎职案件；突出查办工商、税务、林业、人事、技术监督、土地管理、房地产管理、城建规划等领域行政执法人员滥用职权、玩忽职守、徇私舞弊等渎职犯罪案件；突出查办有影响有震动的以及新罪名、新领域的渎职侵权案件。共受理初查案件线索 8 件（其中含市院交办 1 件），立案侦查 4 件 4 人，初查成案率达到 50%，侦查终结 4 件 4 人，侦结率达到 100%，移送起诉 4 件 4 人，移送起诉率达到 100%，现有 2 件 2 人法院已做出了有罪判决，在查办案件方面做到了稳中有升。在查办渎职侵权案件过程中，重点利用好讯问室和监控室，搞好首次讯问全程录像制作，做到讯问笔录、录音录像、犯罪嫌疑人自书的"三证合一"，以完善证据和固定证据；加强与上级院和兄弟院的联系，搞好配合，针对那些难度大、阻力大、干扰大的渎职侵权案件及时向市院请示，由市院协调指导、交叉办案、快速破案；主动加强与批捕、公诉、监所部门的沟通和联系，建立相互延伸、相互配合的新机制；适时邀请批捕、起诉部门介入侦查活动，用公诉的标准引导侦查取证活动，使每个案件都达到起诉和交付审判的标准。

2004 年，以"创建学习型检察院、争做学习型检察官"活动为载体，加大办案力度，提高执法水平，为县域经济发展创造和谐宽松的软环境。共受理初查案件线索 5 件，立案侦查 4 件 4 人，初查成案率达到 80%，侦查终结 4 件 4 人，侦结率达到 100%，移送起诉 4 件 4 人，移送起诉率达到 100%。通过办案为国家挽回经济损失 25 万余元。以质量为中心，以数量为保证，突出办案效果，打造精品案件，突出办案重点，加大办案力度。在完成立案数量的基础上保证案件质量，使初查成案率，侦结率、起诉率、大要案比例均达到上级院要求。

　　根据最高人民检察院关于在全国检察机关开展"严肃查办国家机关工作人员利用职权侵犯人权犯罪案件专项活动"部署专项活动，即：查办的重点对准五类利用职权侵犯人权犯罪案件；渎职造成人民生命财产重大损失的案件；非法拘禁，非法搜查的案件；刑讯逼供，暴力取证的案件；破坏选举，侵犯公民民主权利的案件；虐待被监管人的案件。如：所查办的原渭津粮库副主任张继庆玩忽职守造成工人2死4伤案、县计划经济贸易局安全科负责人范春龙玩忽职守造成甲山采石场3名工人死亡案、建安警察署民警王发滥用职权案。在查办渎职侵权案件过程中，主动与相关部门建立相互延伸、相互配合的新机制，适时邀请侦查监督、公诉部门介入侦查活动，用公诉的标准引导侦查取证活动，使每个案件都达到起诉和交付审判的标准。例如，全年所立的案件中有3件案件都是在侦查阶段，就与公诉部门沟通，为案件把关，保证了案件质量。

　　2005年，积极开展保持共产党员先进性教育活动，牢固树立"立检为公、执法为民"的思想，突出"强化法律监督、维护公平正义"这一主题，结合"严肃查办国家机关工作人员利用职权侵犯人权犯罪案件专项活动"和"查办扰乱和破坏社会主义市场经济秩序犯罪专项活动"的开展，充分发挥渎职侵权检察的工作职能作用，维护司法公正。共摸查排查各类渎职和经济案件线索30余件，其中立案3件3人，所立案件全部侦查终结并移送审查起诉，均作出有罪判决。补充侦查上年所立的案件，其中1件补充侦查的案件法院已做出有罪判决。

　　以高检院确定的"五类"侵权案件和"扰乱和破坏社会主义市场经济秩序犯罪"为重点，坚持有案必查，坚决打击国家机关工作人员利用职权侵犯人权犯罪扰乱和破坏社会主义市场经济秩序犯罪，切实依法维护人民群众的合法权益。如：立案查处的王国才滥用职权案和王连跃玩忽职守案，辽源市种子管理站副站长王国才，工作中滥用职权，违法为不符合发证条件的辽源市裕龙油脂有限责任公司发放了大豆种子经营许可证，导致辽源市裕龙公司因经营假种子，给东辽县农户带来巨大的经济损失，为国家造成 400 多万元的巨额经济损失。辽源市种子管理站站长王连跃，在本案中不履行工作职责，玩忽职守，致使国家和人民利益遭受巨大损失。以上 2 件案件均已做出有罪判决，维护了广大人民群众的合法权益，维护了社会主义市场经济秩序。

2006-2011 年，认真履行宪法和法律赋予的职责，积极开展查办渎职侵权检察工作。共立案 15 件 15 人。其中，大案 12 人，实职科局级 5 人。查办司法人员犯罪 5 人，行政执法人员犯罪 4 人。2008-2009 年两年所立案的 11 件 11 人，法院全部做出有罪判决，有罪判决率 100%。2010 年立案 4 件 4 人，法院做出有罪判决 2 件 2 人。通过办案为国家挽回直接经济损失 200 余万元。注重侦查中巧妙控制关键线索，挖掘新线索。如：在侦查曹洪光受贿案中，巧妙控制有利线索，从而查实了曹洪光等 3 人行贿、受贿的事实，一举侦破三起贿赂案。法院均做出有罪判决。注重强化整体协调作战。2008 年反贪、反渎部门联合立案侦查了冷绍林等受贿、玩忽职守案，4 名安全事故背后的腐败渎职犯罪嫌疑人均受到了法律制裁。2012 年，认真落实最高人民检察院关于加强和改进反渎职侵权工作的总体要求，把握科学发展主题，自觉服务东辽经济发展，以查办危害民生民利、国土资源领域渎职侵权犯罪专项工作为重点，查办了一批有影响、有震动的渎职侵权案件。共初查渎职侵权案件 5 件 9 人，立案 5 件 9 人，其重大案件 1 件 2 人，有影响、有震动案件 2 件 3 人，所立案全部侦查终结并移送审查起诉，侦结率和起诉率都达到 100%。其中 3 件 4 人起诉到法院都做出了有罪判决。

按照省、市院关于查办危害民生、民利、工程建设及国土资源领域渎职犯罪专项活动的部署，查办了 2 起有影响、有震动的案件。3 月初，立案侦查了县国土资源局执法监察大队杨成林等 2 人徇私舞弊一案。在市院反渎局的指导下，充分运用侦查一体化的侦查方法，使得犯罪嫌疑人在较短的时间内就交代了自己的犯罪事实。反渎干警充分利用犯罪嫌疑人的特点，在犯罪嫌疑人身上深挖犯罪线索，又从 2 名犯罪嫌疑人平时工作的失职中发现了王春友等人非法采矿的行为，并立即对王春友等人一并立案侦查。这两起国土资源领域案件的成功侦破，不仅为我县国土资源执法的进一步完善敲响了警钟，同时也为全县经济全面、协调、可持续发展提供了最直接、最有力的法律保障。

2013 年，反渎部门在积极应对新刑诉法实施后出现的新情况、新问题的同时，创新建立了重大复杂案件专案调查和侦查一体化办案机制，有效解决了渎职侵权犯罪发现难、立案难、查证难的问题。全年共立案侦查渎职侵权犯罪案件 17 件 24 人，其中：要案 4 件 4 人，大案 1 件 1 人，居于全市首位，办案数量创历史新高。即：犯罪嫌疑人孙占坤等 7 人玩忽职守案；犯罪嫌疑人张林才等 8 人非法采矿、非法经营案；犯罪嫌疑人肖德举等 3 人滥用职权案；犯罪嫌疑人张欣等 2 人非法采矿案，已侦查终结。所立案中涉及行政执法人员 7 人，其中仅国土资源部门行政执法人员就达 5 人。在查办渎职犯罪案件过程中，延伸检察职能，着力维护民生安全。如，部分河沙承包人为了追求利益最大化，私自采挖山砂后，将山砂与河沙混合，冒充河沙销售到建筑工地。这种行为既使国家矿产资源遭到严重破坏，也给建筑工程质量带来极大隐患。为严厉打击这种犯罪行为，我院对因监管不力，给国家造成重大经济损失的相关部门责任人员以涉嫌滥用职权罪、玩忽职守罪进行了立案侦查，还延伸检察职能，依据有关法律，对非法采砂人员以涉嫌非法采矿罪并案进行查处。并及时与建设主管部门沟通情况，建设主管部门已组织质检人员对建筑工地进行排查，防止此类砂子流入建筑工地，及时消除了危及群众生命财产安全的隐患。

根据最高检和省院的部署，在开展集中查办涉及民生民利的专项案件过程中，充分发挥地域特点，开展专项的集中查处工作。在市院反渎局的领导和指挥下，查办了辽源市假福利企业退税案，即：立案侦查了辽源市经济开发区国家税务局税源管理三科科长孙凤梅和管理二科副科长李太君玩忽职守案件；查办了违法挖采山砂系列案件，立案11件16人。同时，积极协调县财政局调取财政专项资金补贴资料，通过调查核实，查办了东辽县甲山乡协力村王林喜、动物防疫员程佳贵、会计赵杰共同贪污国家扶贫补贴款一案。

2014年，进一步强化侦查一体化的办案侦查思路，加大查办涉农惠民领域职务犯罪案件力度，努力推动涉农惠民政策落到实处。先后调查核实了辽源市供热系统、东辽县水利、农机、林业、税务、国土系统的一些渎职案件线索，通过调查核实，查实了一些举报人多次实名举报的案件真相，还当事人一个清白，同时也发现了一些有价值的线索。共初查案件20余件，立案查处案件8件9人，其中要案2件2人，大案1件1人。即：犯罪嫌疑人姚洪武滥用职权案、犯罪嫌疑人万国峰玩忽职守案、犯罪嫌疑人肖占武玩忽职守案、犯罪嫌疑人牛晓伟受贿案、犯罪嫌疑人杨雄飞玩忽职守、受贿案、犯罪嫌疑人韩永志、李延安串通投标案、犯罪嫌疑人李东江伪造国家机关印章案、犯罪嫌疑人潘世新行贿案。所立案件已侦查终结并移送审查起诉7件8人，法院已对3人做出有罪判决。坚持有案必查、有腐必惩，在市院反渎局的统一部署下，对杨雄飞涉嫌渎职一事立案侦查，通过深挖细查又发现了东丰县永宏路桥工程有限责任公司涉嫌围标行为，并立案查处了犯罪嫌疑人韩永志、李延安串通投标案、犯罪嫌疑人李东江伪造国家机关印章案，这是一起典型的官商勾结的渎职窝案。

第六章

审查批捕

第一节　职责权利范围

审查批捕工作是检察机关一项极为重要的诉讼活动，政策性、时间性都很强，公安机关提请检察机关批准逮捕人犯时，要将被批捕人犯的主要犯罪事实及逮捕理由，制作成《提请批准逮捕书》连同全部案卷材料、证据一并移送到同级人民检察院审查批捕。1966 年以前，审查批捕工作有两种形式，一种是在平时正常的情况下的做法，按公安、检察、法院机关在刑事诉讼活动中的三道程序各负其责，即公安报捕，检察机关审查批捕，法院审判人犯。另一种是历次政治运动中的做法，"公、检、法"三机关实行党内联合办公，由专人审查材料做出汇报，经"三长"研究后提出意见，报党委批准，然后办理法律手续。

东辽县人民检察院刑事检察的主要职权是：对公安机关提请审查逮捕的各类刑事案件依法进行审查，决定是否批准逮捕或退回补充侦查；对本院自侦部门移送审查逮捕的案件决定逮捕、不逮捕或退回补充侦查；办理公安机关对不批捕决定提请复议、复核案件及提请延长羁押案件；对公安机关的侦查活动是否合法实行依法监督；对公安机关应报而未报捕的案件、已批捕又撤案的案件实行监督。定期分析社会治安状况，研究犯罪新动向、新特点，查找规律，确定重点工作。

1984 年，东辽县人民检察院恢复重建后，由刑事检察一科负责审查批捕业务；1989 年，针对"六四"动乱和"反革命暴乱"，刑事检察一科承担起处置和预防突发事件的组织协调工作职责。

1994 年，根据《刑事诉讼法》第 13 条第 2 款规定和上级院的统一要求，院刑事检察一科开始行使对公安机关该立未立、有罪不纠的案件行使立案监督职责。

1997 年，"两法"修订后，按照上级院的统一部署，院刑事检察一科对公安机关强制措施的执行情况、对在社会主义市场经济条件下滋生的不稳定因素形式监督和信息搜集上报工作职责。

1999 年，检察机关机构改革后，刑事检察一科更名为审查批捕科；2002 年，检察机关再次进行机构改革，审查批捕科更名为侦查监督科。根据"两高三部"下发的《关于依法严厉打击法轮功邪教组织违法犯罪活动的意见》和"两高"的有关精神，院审查批捕科针对县域内发生的法轮功刑事案件，实行了专人审查、层层把关、提早介入、严厉打击的履职行为。

第二节　审查批捕

1984-1986 年，根据全国人大常委会《关于严惩严重危害社会分子的决定》和省、市人民检察院的部署，积极开展严厉打击刑事犯罪分子的第三战役，遵循"打击敌人、保护人民、惩治犯罪、服务'四化'"的政法工作指导思想，与县公安局、法院密切配合，继续依法"从重从快"地打击严重刑事犯罪活动。共受理公安机关移送审查批捕案件 297件 421 人，经审查，决定逮捕 275 件 393 人，不批准逮捕 9 件 15 人。在严打斗争中，坚持"以事实为根据、以法律为准绳"的原则，严格区分罪与非罪的界限，正确划分此罪与彼罪的界限，把握基本事实、基本证据，确保有罪人受到法律的制裁，无罪的人不受刑事追究。在审查批捕工作中，认真贯彻民主集中制原则，实行"专人办案，集体讨论、检察长审批"，重大疑难的案件由检察委员会讨论决定，认真细致地审查复核证据，注意防错防漏，不放过每一个疑点，杜绝冤假错案的发生。防止错捕5件10人，追捕被告6人。同时，针对东辽县没有"两所"（看守所、收容所），且依法拘留案件多、时间要求紧的实际情况，与公安机关密切配合，提前介入侦查活动，掌握第一手材料，加快办案速度，保证办案质量，较好地完成了这一时期的工作任务。

1987～1989年，继续深入开展严惩严重刑事犯罪的斗争，为深化改革创造良好的社会治安环境。按照中央、省、市的部署，认真贯彻"从重从快"的方针，努力保持"严打"势头，强化社会治安，为突发事件做好应变准备，为深化政治体制和经济体制改革创造良好的社会治安环境。共受理公安机关提请批准逮捕的各类刑事犯罪案件416件671人。经审查后，决定批准逮捕401件652人（其中追捕13人），不批准逮捕10件14人，退回公安机关补充侦查3件3人，公安机关撤回2件2人。

在贯彻"从重从快"的方针上，提前介入侦查、预审。即批捕、起诉两个科室与公安机关的侦查、预审部门建立了联系制度，对大案、要案提前介入侦查和预审，以保证对社会影响较大的刑事犯罪案件尽快批捕、起诉交付审判，使罪犯及时受到惩处。共提前介入侦查52件，提前介入预审68件，加快了大案、要案和复杂案件的审查批捕速度，缩短了办案时间，及时地打击了刑事犯罪活动。

严格执行以事实为根据，以法律为准绳的办案原则，稳、准、狠地打击刑事犯罪。在审查批捕工作中，坚持个人阅卷，科内集体讨论，检察长审批的办案制度；对不捕或科内有争议的案件由检察委员会集体讨论决定；对检察委员会意见不一致的大、要案件，向上级院请示汇报。坚持犯罪事实基本清楚和基本证据确凿的原则，积极开展了评选"办案能手"活动，努力提高干警运用法律认定犯罪性质和使用证据认定犯罪事实的办案能力，保证办案质量。1990-1992年，贯彻依法"从重从快"严厉打击严重刑事犯罪的方针，把杀人、抢劫、强奸、爆炸、贩毒及重大诈骗、流氓团伙犯罪等7个方面作为打击重点，特别严厉打击了惯犯和累犯。与有关职能部门密切配合，深入开展严厉打击严重刑事犯罪斗争。共受理侦查部门提请逮捕人犯594人，经审查批准逮捕人犯577人，不批准逮捕14人，追捕人犯3人，建议侦查部门撤销批捕意见3人，退回侦查部门补充侦查32件47人。

加强同公安机关的联系制度，指定专人定期或不定期地到公安机关了解发案、破案等情况，提前介入突发的重大恶性案件和久侦未结的疑难案件。如：1991年发生的刘君抢劫杀人案，接到公安局通报，刑检人员及时赶赴案发现场，同侦查部门一道勘查现场、询问证人，掌握第一手资料，积极做好批捕准备工作，该案当天批捕、当天移送市检察院审查起诉，被告人在破案后15天即被判刑。3年中提前介入侦查、预审案件102（件）次。坚持提前介入，缩短了办案时间，保证了办案质量，及时、有力地打击了严重刑事犯罪。

坚持"重证据、重调查研究，不轻信口供，严禁逼供"的办案原则。对主要事实不清、证据不足的案件，坚决不批捕、不起诉，退卷给侦查部门进行补充侦查，或自行补充侦查，查清后再做捕与不捕的决定，或建议侦查部门撤销案件。3年中共退补侦查32件47人，建议侦查部门撤销批捕意见3件3人、撤销案件14件29人，不批准逮捕14人。防止了冤、假、错案的发生，保障了无罪的人不受法律的追究。

1993-1997年，坚持依法"从重从快"方针，毫不动摇地把打击严重刑事犯罪活动落到实处，切实维护社会稳定。共受理侦查部门提请逮捕犯罪嫌疑人1415人，审查后批准逮捕1331人。5年中，审查的刑事案件均在法定时限内审结。在案件多、时间紧的情况下，适时地利用双休日，全力以赴审查案件，并实行"定人员、定时间、定案件，保质量"的三定一保的工作制度，确保了"严打"的强劲势头。在办案中，坚持不拖不压，对可能判处无期徒刑以上刑罚的重大案件，及时移送市检察院审查起诉。5年来，共向市检察院移送重大案件58件94人。

坚持以事实为根据，以法律为准绳，正确掌握批捕条件，严格控制不批捕的适用，在防漏防错上下功夫，努力做到不枉不纵，维护法律的严肃、公正。通过认真仔细地审查案件，区分罪与非罪的界限，对不构成犯罪的38人，依法做出不批捕决定。

1998-2002年，继续加大"严打"整治力度，全力维护社会稳定。共受理侦查机关移送审查批捕1237人，经审查批准逮捕1174人；把打击黑社会组织、流氓恶势力犯罪、严重暴力犯罪和严重影响群众安全感的多发性犯罪作为严打重点，加快办案节奏，审查批捕案件较上年平均缩短了4天。2002年严打工作中，当日报捕当日批捕的案件54件57人，同年，为增强侦控力度，成立了驻公安机关检察联络室，有效地提高了办案质量和工作效率，得到了上级院的高度重视，市检察院和市公安局在我院召开了现场会。

2003-2006年，坚持以办案维护稳定，执法促进发展的思维谋划检察工作，努力为东辽经济社会快发展、大发展创造良好的法治环境。共受理审查批捕案件628件839人，其中，批捕592件791人，决定逮捕9件13人，不批捕27件35人。与政法各部门密切配合，突出打击黑恶势力犯罪、严重暴力犯罪和严重影响群众安全的多发性犯罪。依法批准逮捕杀人、抢劫、强奸等严重暴力犯罪嫌疑人167人，全部提起公诉，其中重特大案犯85人；依法批准逮捕破坏市场经济秩序犯罪嫌疑人7人。

严格把握证据，确保案件质量。如：在办理犯罪嫌疑人刘占贵等5人团伙盗窃、收购赃物案时，经审查发现，对其单独盗窃的事实没有认定，遂依法追诉了遗漏的犯罪事实，法院全部予以认定。

2007-2011年，以维护稳定为要务，严厉打击各种严重刑事犯罪。紧密围绕"平安东辽"创建活动，充分发挥审查逮捕和审查起诉职能，依法严厉惩治严重刑事犯罪。5年来，共受理审查批捕案件671件902人，其中，批捕590件800人。全面贯彻宽严相济刑事司法政策，坚持该严则严，当宽则宽原则，审慎适用逮捕强制措施，努力减少社会对抗，促进社会和谐。共依法不批捕89人。

2012年，积极配合有关部门开展专项斗争，对严重刑事犯罪，保持了"严打"的高压态势，从严掌握，从快办理。共受理公安机关（本院自侦案件5件6人审查逮捕按照上提一级规定，全部移送市院审查逮捕）移送审查逮捕案件53件67人。对轻微犯罪，落实轻缓刑事政策，把握分寸，当宽则宽，经审查批准逮捕58人，不批捕9人。进一步推进刑事和解，6月12日，与县公安局、县法院、县司法局联合，共同成立了东辽县刑事诉讼案件联合调解委员会，并召开了联席会议，共同制定刑事和解新举措。根据案件在审查逮捕阶段的实际特点，制定出了与公安、法院、司法以及本院公诉部门联合进行调解的新机制，联合调解委员会成功调解3起案件。

2013年，依法严厉打击严重暴力、多发性侵财、破坏农业生产及坑农害农等犯罪，共批准逮捕64件79人，切实维护了社会稳定；依法重点打击制售涉及食品药品安全的犯罪活动，对涉嫌生产、销售不符合安全标准的食品罪的10名犯罪嫌疑人，实行快捕快诉，切实保障群众的食品安全；认真贯彻宽严相济刑事政策，对社会危害性不大的13人做出了不批捕决定，有效地减少了社会对抗，增进了社会和谐。

2014 年，继续认真贯彻执行新刑事诉讼法，全面履行职责，认真开展了各项侦查监督工作。共受理公安机关移送审查逮捕案件 83 件 92 人，受理本院公诉部门移送审查逮捕案件 1 件 1 人，经审查批准逮捕 65 件 73 人，决定逮捕 1 件 1 人，不批准逮捕 18 件 19 人，办理延长侦查羁押期限 7 件 7 人。

第七章

审查起诉

第一节　职责权利范围

1984 年，东辽县检察院恢复重建以后，根据检察业务工作的需要，以及刑事检察职能细化的要求，内设了刑事检察一科、刑事检察二科。一科的主要职权是：负责审查批捕工作；二科的主要职权是：承担审查起诉、出庭公诉、抗诉、侦查监督和审判监督工作任务。在打击犯罪，充分行使检察权的过程中，审查起诉部门无论从职责权利范围、机构设置还是工作内容等方面，都为检察事业的发展奠定了坚实的基础并做出了应有的贡献。

1997 年修订后的"两法"实施后，审查起诉工作无论从程序上还是从实体上都发生了变化。为了适应形势的需要，1999 年，县检察院根据吉编〔1997〕62 号文件精神进行机构改革，设立审查批捕科、审查起诉科。2002 年，根据《吉林省人民检察院机关机构改革方案》精神，院再次进行机构改革，按照吉编办函（2002）19 号和辽编办函（2002）1 号文件精神，将审查起诉科更名为公诉科，主要负责审查起诉、出庭公诉、抗诉等工作任务。审查起诉工作是国家和法律赋予人民检察院的重要职权，审查起诉指人民检察院对公安机关和检察机关侦查终结、移送起诉或免予起诉案件，是否将被告交付法庭进行审判的一项重要诉讼活动。按照法律的规定，审查起诉工作的职权只能由人民检察院行使，其他任何机关、团体和个人都无权行使，这从制度上保证了法律的统一和正确实施。审查起诉工作的原则是，凡是决定起诉的，必须是构成犯罪，依法应当追究刑事责任的案件；凡免予起诉的，必须是构成犯罪，但罪行情节轻微或者罪行虽然较重，但有法定免除刑罚情节的案件；凡是不起诉的，必须是尚未构成犯罪，或者虽已构成犯罪，但依照政策和法律规定，不适应追究刑事责任的案件。

第二节　审查起诉

1984-1986年，突出一个"准"字，把好案件质量关，不枉不纵，不错不漏，坚持标准化、规范化、制度化、经常化，做到案案汇报、件件讨论。3年共受理公安机关移送审查起诉案件279件391人，经审查，提起公诉198件273人；追诉人犯24人，起诉后已审结的案件均做了有罪判决；追诉犯罪事实30余起，判决中全部予以认定。其中，有的罪犯还因追诉的事实被判处无期以上的重刑。对严重危害社会治安的杀人、抢劫、强奸、放火等严重犯罪，依法报送上级院审查起诉的65件76人，分别被判处了死刑、死缓、无期徒刑等。贯彻宽严相济刑事政策，对犯罪情节轻微、具备从宽条件、有望改好的10件28名被告人免予起诉。

1987-1989年，继续贯彻"严打"方针，共受理公安机关移送审查起诉的各类刑事犯罪案件408件623人。经审查后，报送上级院审理58件75人；由我院依法起诉了329件481人（其中追诉17人），免予起诉13件50人，不予起诉1人，未结案8件16人。对能够判处无期徒刑以上的刑事犯罪案件，依诉讼程序及时报送上级院审查起诉，努力避免重罪轻诉。3年来，共报送到辽源市人民检察院审查起诉的刑事犯罪案件58件75人，主犯均被判处无期以上刑罚，未发生应报而未报的重罪轻诉的截留案件。对本院确认的量刑畸重畸轻或应捕未提请批捕和应起诉未移送起诉的案件，积极履行审判监督和侦查监督职能，依法进行追诉和抗诉。3年共依法提出抗诉案件2件3人，追诉17人。

1990—1992年，共受理侦查部门移送审查起诉（含免诉）案件562件750人，审查后，提起公诉418件541人，免予起诉69件98人，报市检察院审查起诉50件66人，建议侦查部门撤销案件14件29人，不起诉2件2人，抗诉2件3人，追诉人犯12人，改变案件定性7件9人，增加罪名13件17人，待审结9件14人。更新司法理念，落实轻缓的刑事政策。认真执行上级院的规定，准确适用法律和刑事政策，对初犯、偶犯、过失犯中主观恶性小、犯罪情节轻微的，采取轻缓的刑事政策从宽处理；可诉可不诉而予酌定不起诉12件13人；对于具备法定从轻、减轻处罚情节的，建议法院从轻判处刑罚，努力控制打击面，扩大教育面，较好地体现了人权观念与和谐社会理念。

1993—1997年，在进一步加大"严打"力度的同时，努力提高审查起诉队伍的业务水平，加强出庭公诉。开展了优秀公诉人培训、观摩庭、公开庭竞赛和审查起诉队伍基本功大赛等一系列练兵活动。为适应修改后刑诉法的实施，先后选派出审查起诉队伍中的7名业务骨干到外地学习和观摩，为修改后刑诉法的实施奠定了良好的基础。由于出庭支持公诉水平的不断提高，修改后刑诉法实施后，所起诉的各类刑事案件，法院均做出了有罪判决。这期间，受理侦查部门移送起诉案件1061件1423人，审查后提起公诉915件1187人。在起诉环节上，5年中追诉犯罪嫌疑人19人，追加犯罪事实47起（其中重大的5起），改变原定性32件，增加罪名13件，建议有关部门撤案13件19人。

1998—2002年，把打击黑社会组织、流氓恶势力犯罪、严重暴力犯罪和严重影响群众安全感的多发性犯罪作为严打重点，公诉部门受理侦查机关移送审查起诉案件1163件1473人，经审查提起公诉985件1258人，重特大案件报市检察院审查起诉74件103人。"严打"整治斗争以来，起诉率有了大幅度上升，把不诉率严格控制在 5% 和 2% 之内。"严打"中提起公诉的案件，法院均做出了有罪判决，起诉准确率达到 100%。1999 年 10 月 8 日，为认真贯彻高检院六项改革精神，探索适应《刑法》《刑事诉讼法》《检察官法》对检察工作的新要求，以抓好队伍建设为目标，以提高办案效率和质量为宗旨，努力促进审查起诉、审查批捕和民行工作的规范化、制度化、专业化，在检察改革上迈出新的步伐，取得新的成就。按照公平竞争，责、权、利相适应造就人才的原则，院制定了《主诉（办）检察官制度》，并在审查起诉、审查批捕和民事行政检察科推行。2002 年"严打"工作中，当日受理当日起诉的案件有 75 件，与上年相比，审查起诉案件平均缩短了 20 天。

2003-2006 年，保持"严打"声威，与政法各部门密切配合，突出打击黑恶势力犯罪、严重暴力犯罪和严重影响群众安全的多发性犯罪。共受理公诉案件 776 件 1032 人，提起公诉 728 件 981 人，不起诉 13 件 14 人，重特大案件报市院审查起诉 35 件 37 人，追诉犯罪嫌疑人 7 人，追加犯罪事实 5 起，改变定性 8 件，起诉准确率达到 100%。准确适用法律和刑事政策，对初犯、偶犯、过失犯中主观恶性小、犯罪情节轻微的，采取轻缓的刑事政策从宽处理。4 年中可诉可不诉而予酌定不起诉 12 件 13 人。

2007-2011 年，全面深入落实"三项"重点工作，严厉打击各种严重刑事犯罪，维护全县社会稳定。共受理公诉案件 901 件 1289 人，提起公诉 737 件 1070 人，重特大案件报市院审查起诉 53 件 68 人。

把严厉打击故意杀人、故意伤害致人重伤、抢劫、强奸、放火等严重刑事犯罪，破坏农业生产和农村正常生活的盗窃、诈骗、破坏生产经营、制售伪劣商品等犯罪活动作为主要工作任务。对案件事实和证据，罪名和犯罪性质的认定严审细查，准确认定确保办案质量，保证打击的效果。深入推进社会矛盾化解、社会管理创新工作，热情做好诉讼当事人的来访接待工作，听民声、解民意，化解矛盾。如：受理的犯罪嫌疑人魏延成故意伤害案，被害人与其丈夫多次来访，提出对魏延成应以故意杀人定罪的要求。办案人针对被害人提出的问题从事实和法律的层面进行了热情、耐心、详细的解答，最终消除了其心头疑云，说服了被害人夫妇，使案件得以顺利审判。办案不忘监督，以监督促进办案。为培养高素质的公诉人才，切实开展岗位培训练兵活动。通过开展传帮带、案例研讨、演讲辩论等形式提高公诉队伍素质。2011 年 5 月，在全市公诉人与律师辩论大赛中取得了团体及个人第三名的好成绩。

2012 年，始终坚持严打方针不动摇，严厉打击各种严重刑事犯罪，切实维护全县社会稳定。继续把严厉打击故意杀人、重伤、抢劫、强奸、放火等严重刑事犯罪，破坏农业生产和农村正常生活的盗窃、诈骗、破坏生产经营、制售伪劣商品等犯罪活动作为工作的主要任务。共受理公安机关、本院自侦部门移送审查起诉及上级院指定的各类案件 156 件 220 人（其中本院自侦 7 件 8 人）。审结起诉 97 件 118 人（其中本院自侦 7 件 8 人），法院全部做出有罪判决。上报市院审查起诉 6 件 11 人，经审查不构成犯罪和不应追究刑事责任的，建议公安机关撤销案件 5 件 7 人。

2013 年，坚持严打方针，加强重大犯罪案件的审查起诉和出庭公诉工作，维护社会稳定。全年共受理公安机关、本院自侦部门移送审查起诉及上级院指定的各类案件 92 件 155 人。起诉 71 件 130 人，不起诉 11 件 23 人。

坚持办案和监督两手抓的原则，办案不忘监督，以监督促进公正。

提前介入公安机关侦查活动 12 件次，其中命案 3 件次；改变公安机关定性 2 件、追诉罪名 2 个、追诉被告人 2 人（其中 1 人已判刑）。审查起诉和反贪、反渎部门密切协作，对本院侦查的贪污贿赂、渎职侵权等职务犯罪案件，提前介入 20 件次。向自侦部门提供案件线索 5 条。

以案件质量提升年为契机，以"听庭评议"活动为载体，考核公诉人员在案件事实认定、证据把握、出庭公诉能力、文书质量、案件效果等方面的综合能力。成立了庭审评议活动领导小组；全年公开开庭审理的 60 余件案件，庭前全部通过站前广场电子大屏幕将案件庭审时间、地点、案件类别、被告人情况，告知社会公众，收到群众评议意见 30 余条；重新选聘了 8 名与刑事检察、审判工作联系密切、专业性强的部门的人员为评议员；组织院相关科室跟庭进行监督、评议；邀请资深公诉人现场观摩指导，对 3 名公诉干警办理的 3 个案件开展评议活动。

2014 年，坚持严打方针，继续落实宽严相济刑事政策，对于具有严重社会危害性的犯罪行为坚决从严处理，对于过失犯罪、犯罪嫌疑人认罪悔罪并积极修复犯罪行为破坏的社会关系的案件，均酌情提出从轻处理意见。共受理公安机关、本院自侦部门移送及上级院交办审查起诉案件 214 件 260 人，起诉 184 件 229 人，不起诉 22 件 28 人，移送上级院 3 件 3 人，追诉漏罪 2 件，追诉漏犯 2 人。以办案为龙头，全面深入推进社会矛盾化解，认真做好犯罪嫌疑人的教育转化和挽救工作，敦促犯罪嫌疑人认罪悔罪，消除其仇视社会心理。对 120 件事实清楚、被告人自愿认罪的案件，建议法院适用简易程序审理，提高了司法效率。在办理崔万和妨害公务一案过程中，通过说服教育，使起初对司法机关抵触情绪较大的犯罪嫌疑人最终能够在庭审中真诚认罪悔罪；办理程显双等人利用邪教组织破坏法律实施案中，通过承办人耐心教育，也使犯罪嫌疑人认识到邪教组织的丑恶本质，坚决与其划清界线；办理张兴路交通肇事案中，通过承办人的沟通协调，使犯罪嫌疑人同意被害人追加的赔偿要求。

第八章

诉讼监督

1984年，坚持以事实为根据，以法律为准绳的原则，认真阅卷，搞好调查研究，正确认定罪犯的犯罪事实和犯罪性质，做到决不放纵一个坏人，也决不冤枉一个好人，有效地防止了漏罪、漏捕、漏诉和错捕、错诉，把住了"准"字关。如：在审查一起盗窃案件过程中，经过仔细阅卷、提审嫌疑人、发现了尚未暴露的同伙，查清事实后及时对其同伙决定逮捕，打击了团伙犯罪。在审查案犯，提审被告过程中，认真宣传党的"坦白从宽，抗拒从严"的政策，教育被告彻底坦白自己的罪行，同时揭发他人的犯罪。由于采取了有效措施，深挖罪犯，扩大了战果，全年共追捕人犯2人，追诉人犯7人，防止错捕5件6人，防止错诉1人。

1988年，在继续贯彻中央严打决定，开展打击刑事犯罪的斗争中，充分发挥检察机关法律监督的职能作用。通过认真阅卷、审查卷宗、核对证据、提审被告、询问证人，发现疑点穷追不舍，努力防止错捕、错诉、漏捕、漏诉。自行追捕罪犯4人，追诉犯罪事实9件，不批捕或建议公安机关撤回案件2件2人；审判监督方面，在加强出庭支持公诉的同时，对本院认为量刑过重过轻的，或认定犯罪性质不当的判决，依照法律程序，积极提出口头建议或发出抗议意见书。全年发出抗议意见书1件，口头建议1件。

1990-1992年，始终把侦查监督作为批捕工作的重要任务。

加强侦查监督，防止漏捕、错诉、重罪轻诉，防止罪犯逃脱法律的追究。对于有漏掉罪犯或漏掉犯罪事实迹象的卷宗，积极与侦查部门沟通，退卷补充侦查或自行补充侦查，进行追捕、追诉。3年追捕人犯3人，增加罪名17人，增加法律条款23人。

加强审判监督，防止重罪轻判或轻罪重判，对畸重畸轻的判决进行抗诉。如：1990年王振雄诈骗案，一审判决被告人有期徒刑2年，本院以量刑畸轻抗诉后，被改判有期徒刑 6 年。

加强对重大刑事案件的审查。对于能够判处无期徒刑以上刑罚的罪犯，按照案件管辖程序，及时移送到上级院审查起诉。3 年来，共报送市检察院审理 50 件 66 人，经上级院执法检查，无一件漏报，使罪犯得到了应有的严厉惩处。

严格掌握免诉标准，坚持免诉案件由检察委员会集体讨论决定的制度，防止了应诉而免诉的案件发生。

1993～1997 年，以加强执法监督为重点，全面开展侦查监督工作。县院始终不渝地把执法监督工作抓紧、抓好，落到实处，推动其他各项检察工作全面开展。

侦查监督注意从审查批捕、审查起诉中发现问题，及时掌握批准逮捕、不批准逮捕的执行情况和变更强制措施情况，重点防错防漏和纠正侦查部门的违法问题。5 年来，追捕嫌犯 6 人，对侦查活动中的违法现象提出了纠正意见，直接立案查办 3 件。在修改后的刑诉法实施过程中，突出开展了立案监督工作，共受案 4 件。通过审查公安机关不立案理由后，通知立案 3 件，均已立案。审判监督重点坚持了对确有错误的刑事判决、裁定，尤其是重罪轻判、有罪判无罪等违法裁判的控诉工作，并积极做好判决前的跟踪监督。其中，提出口头控诉 19 件 21 人，及时纠正了违法裁判。同时对已发生法律效力的确有错误的刑事判决，按照上诉程序提出书面抗诉 5 件 5 人。

执行监督重点加强了对人民法院刑事判决、裁定的执行情况和监管场所执行活动的监督。5 年中，先后对 19 名超期羁押的犯罪嫌疑人和 2 名应投改而未投改的罪犯向办案部门提出纠正违法建议，使违法问题得到及时解决。对全县范围内监外执行的 200 余名罪犯建立了监管档案，督促有关部门落实监管组织和措施，进行跟踪考察，考察面达98％以上，促进了他们弃恶从善和悔过自新，减少了重新犯罪。

民事行政审判监督从保护公民和法人的合法权益出发，以解决裁判不公为重点而积极开展工作。自1994年成立民事行政检察科以来，查处民事申诉案件3件，行政申诉案件1件。民事抗诉案件1件。同时，坚持到各乡镇开展民事诉讼法和行政诉讼法的宣传工作，努力增强广大群众依法保护自身合法权益的意识。

1998-2002年，立案监督工作中，针对侦查机关应当立案侦查而没有立案的，依法要求立案29件40人，侦查机关已经全部立案。侦查监督工作中，对不构成犯罪的24人做出了不批捕决定，对犯罪情节轻微的18人做出了不起诉决定，依法追捕10人，追诉11人，发出纠正违法通知书4份。通过提前介入侦查活动积极开展工作，5年来，在县域内发生的10多起重特大疑难案件，侦监部门都及时赶到案发现场并参加公安机关的讨论，做到了对犯罪嫌疑人当日批捕，从重从快打击犯罪。

2003-2004年，健全接受监督机制，认真开展人民监督员制度试点工作。依照规定，聘请了7名人民监督员，对本院查办职务犯罪案件中的"三类案件"、"五种情形"依法定程序实行监督；完善与人大代表、政协委员联系制度，通过"两会"期间集中征求意见、召开座谈会和走出去征求意见等方式，广泛倾听社会呼声；对人大代表和政协委员提出的意见和建议通报全院，落实措施，认真整改；建立公开听证制度，对典型疑难案件召开公开听证会，增强办案的透明度，促进了检务公开；从人大代表、政协委员中聘请规范执法监督员，借助他们的经验和智慧不断改进检察工作。

2005-2008年，遵循"深入学习实践科学发展观，以检察文化建设带动队伍建设，以规范化管理促进规范司法，进而推动检察业务工作全面开展"的工作思路，解放思想，创新理念，扎实工作，拼搏奋进。在全面开展检察业务的同时，把刑事诉讼监督摆在重要位置，尽心竭力，全面抓好。通过侦查监督，共受理不批准逮捕 30 件 43 人，不捕率为 6.3%（其中无逮捕必要不捕 19 件 27 人，事实不清不捕 7 件 11 人，不构成犯罪不捕 4 件 5 人）；不起诉 30 件 31 人，建议公安机关撤销案件 12 件 13 人；共办理立案监督案件 10 件 15 人，追捕犯罪嫌疑人 2 人，追诉犯罪嫌疑人 2 人，追加犯罪事实 4 起，追加罪名 2 件 7 人，改变案件定性 6 件 10 人，提前介入侦查活动 46（件）次。

在侦查监督工作中，牢固树立铁案意识，严格审查案件的事实、证据，确保案件定性准确，对认定错误的案件及时监督纠正。如：2008 年受理的公安机关移送审查起诉的郭贵荣等 2 名犯罪嫌疑人非法持有爆炸物案，经过审查，认为公安机关定性不妥，因 2 名犯罪嫌疑人主观并非以持有爆炸物对公共安全造成威胁，其目的是将爆炸物品运输至家中作其他用途，符合非法运输爆炸物犯罪特征，故依法改变定性，以非法运输爆炸物罪向法院提起公诉。通过案件审查，及时发现公安机关及本院侦查部门对应当追究刑事责任的犯罪嫌疑人的犯罪事实有遗漏，以及不应追究而追究的情况存在，并通过法律程序予以纠正。

在审判监督工作中，对法庭审理工作进行监督，监督庭审程序是否合法，是否有侵犯诉讼当事人合法权益情况存在。通过认真审查判决、裁定，对法院有罪判无罪、重罪轻判，无罪判有罪、轻罪重判等错误裁判，依法抗诉，维护司法公正。采取口头建议及沟通的方式，灵活监督。共依法抗诉 4 件 4 人、其中 3 件 3 人获得市院支持，1 件 1 人已改判，列席法院审判委员会 8 次，对多起案件采取口头的方式进行沟通和建议。

针对重大职务犯罪案件，强化了列席审判委员会职能。对"3·05"矿难郭云行贿案进行了跟踪监督，开庭审理后，当得知审判机关拟对其判处有期徒刑1年缓刑1年时，根据行贿人实施行贿犯罪的情节，口头建议法院对其还应适当从重判处，法院给予了采纳并判处其有期徒刑3年缓刑3年。

积极开展刑罚执行和监管活动的监督工作。由于东辽县没有监狱和看守所，因此，我院主要是对辖区内监外执行罪犯的执行和管理活动进行监督。对近5年来东辽县辖区内，由当地法院和外省、市、县（区）法院判处监外执行罪犯执行监管情况进行了核查。目前全县辖区内正在执行监管的监外执行罪犯共计257人，其中判处缓刑228人，占88.7%；管制17人，占6.6%；假释6人，占2.3%；暂予监外执行6人，占2.3%。核查的同时，协助执行监管机关建立了监外执行罪犯考核档案，监外执行人员实行1人1卡登记，全部信息资料进行了微机管理。

从2007年开始，我院实行不捕案件说明理由制度，就是由办案人制作《不捕案件理由说明书》，从事实和法律上对不批捕理由详尽说明，在给公安机关送达不批捕决定书的同时，一并送达。公安机关通过《不捕案件理由说明书》，在了解不批捕理由和原因的同时，也认可了检察机关的不批捕决定，避免和减少了不必要的复核、复议，节省了诉讼资源。如：2006年，不批捕7件9人，公安机关提出复核、复议4（件）次，2007年，不批捕8件12人，公安机关只提出复核、复议1（件）次，2008年，不批捕8件12人，公安机关均未提出复核、复议。

在量刑建议工作方面进行积极的思考和尝试。对3年有期徒刑以上刑罚的严重犯罪案件，在承办人提出量刑建议后，由部门负责人和分管检察长把关，检察委员会讨论决定。对量刑建议的合理性进行分析研究，而后提出量刑建议，使量刑建议更趋于有理有据和准确。如：刘会国、于新、杨新开破坏电力设备、盗窃案，3名被告人先后在东辽、辽源两地，以破坏性手段盗窃正在使用和未使用的变压器铜芯数10个，构成破坏电力设备罪、盗窃罪。其中，刘会国构成累犯。因该案属严重犯罪案件，所以就量刑建议问题，承办人与部门负责人和分管检察长共同进行了分析研究。认为，刘会国破坏电力设备尚未造成严重后果，应在3—10年幅度内量刑，因刘会国共同参与破坏、盗窃20余起，且犯罪动机均是为销赃挥霍，客观上实施犯罪、主观恶性较深、情节较重、社会危害大，且是累犯，故应在量刑幅度内判处较重的刑罚。应建议在8-10年幅度内量刑。其盗窃犯罪部分，属数额巨大。但根据最高人民法院有关司法解释，具备累犯情节的，应视为盗窃犯罪情节特别严重，应在10-15年幅度内量刑。相对量刑建议幅度可在11-13年内。后法院以破坏电力设备罪处其8年徒刑、盗窃罪处其11年徒刑，决定执行18年。几年来，法院采纳检察机关的量刑建议在50%左右。2005年以来，追捕犯罪嫌疑人2人，追诉犯罪嫌疑人2人，追加犯罪事实4起，追加罪名2件7人，改变案件定性6件10人，报捕刑事案件因不构成犯罪不捕共4件5人，呈下降趋势：2005年3件3人，2006年1件1人，2007年1人。

2009-2011年，注重把监督视角扩展到社会生活各个领域，多渠道、多角度开展监督。共办理立案监督案件10件12人，法院均做出有罪判决。坚持配合与监督并重、打击犯罪与保障人权并重的原则，通过严把程序关、证据关、事实关和适用法律关，努力提高侦查活动监督质量。批捕和公诉两个环节改变案件原定性12件，提前介入公安机关侦查活动100余件（次），追捕犯罪嫌疑人11人，追诉被告人6人，追诉犯罪事实12起，建议撤销案件32件39人。在监督内容上，把重点放在对判决、裁定的审查和庭审程序上；在监督方式上，把重点放在事前交流和沟通上；坚持检察长列席审判委员会等行之有效的工作制度，加强对刑事审判的实体监督。共抗诉4件，法院采纳建议2件。2011年所批准逮捕的案件，无一错捕，批捕准确率达到了100%。

加大立案监督工作力度，提高检察机关公信力。以深化"四走进"活动为有效载体，充分发挥检察服务联络室的积极作用，大力加强和推进立案监督工作的有效开展。将立案监督工作推向基层，面向农村，通过检察联络室，与当地司法部门、农民群众近距离接触，通过宣传法律、了解诉求等方式，使工作更加贴近群众、适应群众、更具有亲和力和公信力，进而达到广泛搜集案源线索，消灭空白点，力争多立案，保证判得住的目的。

2012年，把为党的十八大胜利召开营造和谐稳定的社会环境作为第一位的任务。全面贯彻省、市院工作部署，以维护社会稳定，保证和促进全县经济社会又好又快发展为己任，全面开展审查批捕业务。

成立政法机关联合调解委员会，共同化解社会矛盾。为更好地贯彻宽严相济刑事政策，准确运用强制措施和司法手段，把贯彻"严打"方针与落实轻缓刑事政策有机结合起来，不断探索和寻找新的工作方法和调解机制。6月12日，与公安、法院、司法部门联合，共同成立了东辽县刑事诉讼案件联合调解委员会，并召开了联席会议，共同制定刑事和解新举措。根据案件在审查逮捕阶段的实际特点，制定出了与公安、法院、司法以及本院公诉部门联合进行调解的新机制。除当事人自行和解的以外，侦查监督部门经审查认为符合刑事和解的条件，当事人有可能和解的案件，主动告知当事人的和解权利，之后组织上述部门共同进行调解，从不同的角度对当事人进行释法说理，解开其对法律的困惑，化解其心中的矛盾，最大程度地促成双方和解，最终使被害人得到经济和精神上的赔偿，使犯罪嫌疑人得到轻缓或免除处罚的处理，达到化解社会矛盾，体现人文执法，节约司法资源的目的。

加强对公安派出所的执法监督工作，提高监督质量和效果。对辖区内 6 个派出所的刑事执法情况进行了监督检查。查阅了各派出所的办案基础台账、110 接警及出警情况及办案卷宗，重点对有案不立、违法立案、不破不立、捕而不侦、久侦不结、刑讯逼供、非法收集证据、违法搜查、扣押、冻结、随意变更强制措施、徇私枉法、超期羁押、任意延长办案期限造成隐形超期羁押、不应当撤案而撤案等方面进行了监督。在监督过程中注意发现立案监督线索，查找公安机关在办理案件时所存在的违法情况，发现后及时进行监督和纠正。同时，对本院自侦部门的办案情况进行了监督，主要是通过介入侦查时发现案件线索，本年监督其立案 1 件 2 人。

始终坚持办案和监督两手抓的原则，促进司法公平和公正。通过侦查监督，改变公安机关定性 1 件 4 人；经审查不构成犯罪，由公安机关撤案 1 件 1 人。在审判监督工作中，重点监督了法庭审理活动和法院判决书的定罪量刑情况。提出抗诉 1 件，获市院支持，由辽源市中级法院裁定重审。同时对审判人员未及时到庭的情况，口头提出纠正意见 2 件次。针对相关部门存在的突出问题，及时提出检察建议，开展堵塞漏洞、预防犯罪工作，发检察建议 2 份。

2013 年，全面贯彻执行新刑事诉讼法，认真履行侦查监督职责。面对新刑事诉讼法对侦查监督工作所做的变动和修改，及时转变思想观念和工作模式，加强对新刑事诉讼法的深刻理解和实践应用。

严把逮捕关，准确掌握批捕的条件。在审查逮捕时，对符合应当逮捕规定的坚决批准逮捕，对转化型逮捕条件，认真审查情节是否严重。及时改变审查理念，转变审查方式，将审查逮捕的重点转向对犯罪嫌疑人的社会危险性的审查上，严格把握逮捕条件，准确适用逮捕措施，最大程度地减少羁押和诉讼成本，切实保障犯罪嫌疑人的合法权益。针对公安机关移送审查逮捕的案件，在加强对事实和证据准确把握的同时，按照新刑事诉讼法的规定，严格审查其社会危险性且有无逮捕必要。要求侦查机关在移送卷宗时提供社会危险性方面的证据材料并认真审查。在事实清楚、证据充分的情况下，对确有社会危险性的坚决予以逮捕。特别是符合应当逮捕条件的以及严重危害社会治安和人民群众利益的严重刑事犯罪，坚决予以逮捕，保证诉讼活动的正常进行。认真听取辩护律师的意见，切实保障犯罪嫌疑人的合法权益。对有辩护律师的审查逮捕案件，及时主动地认真听取辩护律师的意见并记录在案。

严把证据关，对非法证据坚决予以排除。通过审查卷宗、讯问犯罪嫌疑人、被害人、证人等调查手段，对非法证据进行审查，一经确认坚决予以排除。针对公安机关提请审查批准逮捕的案件，在证据上按照新刑事诉讼法的具体规定进行严格的审查，审查发现，公安机关提供的言词证据在取证程序上存在违法和瑕疵。主要表现在：同一组侦查人员、在同一时间、同一地点对不同的证人进行取证；笔录在结束时或没有被询问人的核对情况及签字，或没有侦查人员的签字；在此笔录中出现了被笔录的询问内容。类似情况全年共发现近 10 件。根据具体情况分别以口头和书面形式向公安机关提出意见和建议，公安机关在做出相关解释的同时对证据及时进行补正。如：公安机关在办理 1 起猥亵儿童案时，承办人经审查发现，公安机关在询问未成年被害人时，虽然通知了被害人的法定代理人到场，但没有女侦查人员参加，属非法证据。于是，将这一证据予以排除，同时要求公安机关及时重新取证，依据新的证据来认定案件，然后做出正确的决定，既保护了犯罪嫌疑人和被害人的合法权益，又规范了公安机关的办案行为。

严把审查关，认真履行羁押必要性审查。对 4 名确无必要羁押的犯罪嫌疑人向公安机关发出了《羁押必要性审查意见书》，建议公安机关对犯罪嫌疑人予以释放或变更强制措施，公安机关全部予以采纳。

注重加强了对公安机关的立案监督和侦查活动监督。主要采取接受群众举报、在办案中发现、介入公安机关的侦查活动，以及对公安派出所刑事执法活动监督等方式，对公安机关的立案和侦查活动进行监督。全年，共办理群众举报公安机关应当立案而不立案的案件线索 4 件，经审查，公安机关的不立案理由成立，并及时将结果通过控申部门反馈给举报人，最终举报人对审查结果表示认同。立案监督公安机关不立案案件 1 件 1 人。

加强与公安机关的配合，严厉打击危害民生刑事案件。4 月，全国检察机关开展了危害民生刑事犯罪专项立案监督活动，按照市院下发工作方案，结合自身的实际情况，制定了工作方案和工作措施，积极投入到此项活动当中。5 月 17 日，在得知公安机关正在侦破系列生产、销售不符合安全标准的食品犯罪案件时，主动与公安机关的联系，派出骨干力量，及时介入到了公安机关侦查活动当中。与公安机关一起研究侦查策略，制定侦查方向，引导收集证据，迅速破获了 12 起涉嫌生产、销售不符合安全标准的食品犯罪案件，抓获 10 名涉嫌在辽源、东辽境内加工倒卖病死牛牛肉的犯罪嫌疑人。公安机关将证据固定后，及时提请批准逮捕，我院在最短的时间内做出了批准逮捕的决定，有力地打击了危害民生的刑事犯罪案件，也及时地控制了大量的病死牛牛肉流入市场的源头，保护了人民群众的食品安全。

2014 年，认真履行职责，积极开展羁押必要性审查。对 5 起轻微刑事案件进行了捕后羁押必要性审查，经审查，对 5 名确无必要羁押的犯罪嫌疑人向公安机关发现了《羁押必要性审查意见书》，建议公安机关对犯罪嫌疑人予以释放或变更强制措施，公安机关全部予以采纳。积极开展立案监督专项活动。结合全省检察机关开展的"破坏环境资源和危害食品药品安全犯罪专项立案监督活动"开展了对行政执法活动的监督。用了近 10 天的时间将相关部门的行政处罚卷宗和台账全部调齐并及时开展审查。针对各部门的行政处罚案件进行梳理，模排有案不移、有案不立、以罚代刑的线索。共调阅审查了国土资源局、环保局、质量技术监督局、工商行政管理局、食品药品监督管理局卷宗 151 本。在立案审查监督工作中，主要采取了接受群众举报、在办案中发现等方式开展监督工作。办理群众举报公安机关应当立案而不立案的案件线索 1 件 1 人。

第九章

民事行政检察

第一节　职责权利范围

民事行政检察是人民检察院依照法律规定，对民事审判活动和行政诉讼活动所进行的法律监督。属于诉讼监督的重要组成部分。检察机关的民事审判和行政诉讼监督是有明确法律规定的。1982年通过的《中华人民共和国民事诉讼法（试行）》第12条规定，人民检察院有权对人民法院的民事审判活动实行法律监督。由于历史的原因，检察机关虽然并未实际行使这一职权，但是，为此后立法和执法活动的开展奠定了基础。1990年正式实施的《中华人民共和国行政诉讼法》第64条规定"人民检察院对人民法院已经发生法律效力的判决、裁定，发现违反法律、法规规定的，有权按照审判监督程序提出抗诉"。为了便于操作，最高人民检察院也同时做出了《关于执行行政诉讼法第64条暂行规定》的司法解释，共9条。1992年，最高人民检察院又做出了《关于民事审判监督程序抗诉工作暂行规定》的司法解释，共17条。

第二节　民事行政检察

1989年，全国检察机关增设了民事行政检察部门，主要受理申诉、提起抗诉案件，纠正人民法院的错误判决和裁定，维护司法公正，保护当事人的合法权益，保障法律完整、统一、正确实施。

1990-1992年，为了保证《民事诉讼法》、《行政诉讼法》的正确实施，切实履行法律监督职责，根据上级院的规定，经县编办、上级院批准成立了民事行政检察科。本着"积极、认真、稳妥"的原则，确定了编制，配备了人员，进行了业务培训，为开展民事行政检察业务做了积极的准备工作。

1993-1997 年，坚持到各乡镇开展《民事诉讼法》和《行政诉讼法》的宣传工作，努力增强广大群众依法保护自身合法权益的意识。查处民事申诉案件 3 件，行政申诉案件 1 件，提请市检察院抗案件 1 件。

1998-2002 年，认真落实上级院民事行政检察工作部署，广泛开展宣传，深挖案源，认真落实办案责任制，不断加大案件查处和抗诉力度，共受理申诉案件 80 件，立案 58 件。其中提请抗诉 32 件，发再审建议 8 件，终止审查 14 件，发纠正违法通知书 2 件。抗诉案件全部获得市院支持，有效地维护了公民和法人的合法权益，防止了国有资产的流失。

2003-2006 年，民事行政检察工作中，把加强检民联系、服务群众、服务企业作为工作的重点。深入基层广辟案源，认真落实办案责任制，加大案件查办和抗诉力度。主动深入到各乡镇，深入广泛宣传，开展了送法进大集活动，使广大人民群众受到了教育；主动争取上级领导的支持，在县人大重视支持下，对审判机关民事行政案件的审理工作情况和判决、裁定的结果，开展了执法综合大检查，从源头上维护司法公正；积极协调相关部门，努力取得各律师事务所的帮助，同时主动与县法院有关庭室取得联系，商讨案情，及时了解掌握情况，加强对公民、法人的合法权益的保护工作。这期间，共受理申诉案件 61 件，立案 44 件（其中，提请抗诉案件 21 件，发再审检察建议 21 件，息诉 2 件），法院已依法纠正或改判 9 件，较好地维护了司法公正。

2007-2011 年，以三项重点工作为重心，不断探索化解社会矛盾的新方法，坚持正确处理加强法律监督与维护裁判稳定性的关系，做好检调对接工作，力求彻底化解好社会矛盾，解决好民行纠纷。共受理申诉案件 96 件，立案 55 件（其中，提请抗诉 12 件，发再审检察建议 19 件，息诉12件），法院依法纠正或改判5件，发纠正违法通知书7份，均已得到纠正。

针对申诉案件线索匮乏的原因，利用半月时间与县司法局一道，深入东辽县所属13个乡镇的司法所进行沟通了解情况，宣传民行工作职能，发民事行政检察告知书500余份。在办理申诉案件时始终把化解矛盾、促成和解作为工作的重点，把检调对接贯穿于民行工作的始终。不断探索化解社会矛盾的新方法，正确处理加强法律监督与维护裁判稳定性的关系，在民行检察和解方面不断探索。在实际工作中，结合本地及个案实际情况，不断探索检法合作机制，对于申诉案件尽可能第一时间主动与人民法院沟通协调，共同研究当事人反映的是什么问题，探讨法院生效的裁判是不是存在问题，当事人申诉的主要理由和目的是什么，通过检法的通力合作恢复案件的原貌，促成当事人双方达成和解。

2012年，全年共受理申诉和自行发现的民行案件21件，立案18件，发再审检察建议6件，息诉和解5件，提请抗诉1件，不抗诉4件，执行监督1件，向反渎部门移送职务犯罪线索2件，向有关单位发检察建议3份，督促起诉39件。对符合抗诉条件的案件依法提起抗诉，切实维护当事人的合法权益。

深入化解社会矛盾，维护社会稳定。在实际工作中，结合本地及个案实际情况，不断探索检法合作机制，在此基础上，不断探索化解社会矛盾的新方法，在民行检察和解方面、息诉方面不断探索。积极参与社会管理创新，努力探寻民行检察监督的新途径。为充分发挥民行检察职能，延伸检察工作触角，将民行检察工作关口前移，积极参与社会管理创新工作。在13个乡镇、5家企业和4个社区设立了民行检察服务站。

民行检察人员定期到民行检察服务站，开展现场办公，发放便民联络卡和民行检察职能告知书，开展法律宣传、法律咨询等服务；及时收集民事、行政案件线索；积极参与社会治安综合治理，做好和解息诉工作，努力化解矛盾纠纷，拓展人民群众诉求渠道，进一步扩大民行检察工作的影响力、辐射力。

2013 年，认真学习贯彻修改后的民诉法，提升民行干警的业务素质和能力。将新修改的民诉法的相关内容，结合省院民事诉讼办案规则，重新修改了我院的标准化体系文件，进一步细化了办案流程，规范了监督行为。全年共受理案件 20 件，立案 14 件，提请抗诉 3 件，发再审检察建议 3 件，发检察建议 6 件，执行监督 4 件，息诉 1 件，移送案件线索 2 件，支持督促起诉 6 件。

按照省院提出的构建"大民行"多元化监督工作的指导思想，研究制定相关工作机制和措施，确立了以提请抗诉与发再审检察建议并重，以执行监督工作为重点，以开展违法行为调查为创新亮点的工作思路。针对执行监督工作，制定了《执行监督工作实施方案》。控申、案管、反贪、反渎等部门保持经常性的沟通与联系，建立了《民行案件联合接访、联合息诉机制》、《案件线索双向移送机制》等相关工作机制，初步建立起了大民行工作格局。向反渎部门移送职务犯罪线索 2 件，联合接访 6 次，对不符合受理条件或缠访的当事人进行了耐心的讲解，有效地化解了矛盾。

认真贯彻落实省院《关于开展全省民事检察执行监督专项活动实施方案》，把开展民事执行监督案件作为民行检察监督的重点。结合工作实际，主动与法院协调，研究制定了《东辽县人民法院、东辽县人民检察院关于开展民事执行活动法律监督的意见》。6 月，与法院执行局专门召开联席会议，就如何开展好民事执行监督工作进行深入探讨，面对面共同商讨了民事执行监督的相关问题，双方达成共识，形成会签文件。办理民事执行监督案件5件，已发检察建议4份，对2件案件进行了监督，1件已得到执行。

2014年，认真贯彻落实省"两院"《关于民事诉讼法律监督工作有关问题的通知》和省院民行处《关于开展全省民事检察执行监督专项活动实施方案》，成立了"东辽县民行检察十大突破工作领导小组"；在县法院设立了检察官工作室；与县法院研究制定了《关于开展民事执行活动法律监督的意见》；与法院执行局专门召开联席会议，共同商讨民事执行监督的相关问题。共受理民行案件29件，立案24件，提请抗诉10件，发再审检察建议5件，发检察建议22件，终结审查6件。以东辽县检察院民行科为名，注册了民行检察微博，在新的领域宣传民行检察，强化社会监督。与县电视台联合制作了一期民行检察法律问答节目。

第十章

控告申诉检察

第一节　职责权利范围

控告申诉部门是检察机关联系群众的桥梁和纽带，是人民检察院履行监督和对内制约职能的重要业务部门。人民检察院接待、受理人民群众来信来访工作，是人民检察院对检举、控告、申诉工作中所提出的违法犯罪、刑事犯罪案件实行法律监督的一项重要工作。

控告申诉检察工作主要包括以下内容：一是代表检察机关统一受理人民群众及有关单位的来信，接待人民群众及有关单位的来访，受理涉嫌犯罪人员的自首。来信来访的内容既包括对犯罪的控告、举报，也包括对自己有关刑事问题的申诉。二是对来信来访和自首进行审查处理。对属于检察机关管辖范围的贪污贿赂犯罪、国家工作人员渎职犯罪、国家机关工作人员利用职权实施的侵犯公民民主权利犯罪、国家机关工作人员利用职权实施的部分侵犯人身权利的犯罪，属本院管辖的，分送有关业务部门；不属于本院管辖的，移送有管辖权的检察院；管辖不明的，进行出差，之后进行分流处理；对于不属于检察机关管辖的案件，转交有关单位；对于涉嫌犯罪人员的自首，属于检察机关管辖的，移交有关部门或有管辖权的检察院立案侦查；不属于检察机关管辖的，移送有管辖权的机关或部门处理。三是承办分管的刑事申诉案件。

第二节　控告申诉检察

1984-1986年，东辽县检察院恢复重建后，信访工作得以恢复，改称为控告申诉检察工作。其主要任务是，处理来信来访，统一受理控告、举报、申诉及接受犯罪嫌疑人自首，初核举报线索，办理刑事申诉、国家赔偿案件，开展刑事被害人救助和举报奖励工作，开展法律宣传和咨询活动，保护公民、法人及其他单位的合法权益，促进司法公正，维护社会稳定。至1986年，为了减少社会不稳定因素，防止矛盾激化，认真做好控告申诉检察工作。通过查处来信来访，及时发现案件线索，打击犯罪。对人民内部矛盾及时调解疏导，防止酿成恶性案件，保护公民的民主权利和利益，密切党和政府同人民群众的联系。3年共接待来信来访516件，经过审查，由本院自行查处293件，转给有关部门及做其他处理223件。对全部来信来访，基本做到了来信有回音，来访有答复，件件有着落，事事有结果。

1987-1989年，控告申诉检察工作基本上完成了由接待、转发型向兼有办案型的转变。3年共接待群众来访219人，接待群众来信403件，接待群众举报经济犯罪线索201件，向有关部门转出12件，为本院提供经济犯罪线索189件，自行查处案件16件。其中1989年办案10件，居地区首位，被市检察院评为控告申诉工作先进集体。为了保障公民的民主权利，坚持开展了文明接待活动，主动热情地接待和处理群众的来信来访，努力参加法律咨询，变上访为下访。为群众排忧解难，及时查处和转递群众提供的犯罪线索。仅1989年，就接待群众来信来访289人次，为有关部门提供各种犯罪线索118件，其中有38件已立案侦查。在全面开展检察业务的同时，积极开展了社会治安综合治理工作。对免予起诉的38名被告人，由承办案件的业务科会同当地有关部门建立了帮教组织，并进行定期考察回访，防止这些人重新犯罪。结合办案发现发案单位防范的漏洞，及时发出检察建议，限期整改。根据一个时期带倾向性的多发案件，向县委、人大写出分析和建议报告，以便采取措施，控制案件发生。同公安、法院、司法等部门保持密切联系，互相配合，统一行动，共同召开了公捕、公判大会和统一搜捕行动，打击了犯罪，震慑了不稳定分子，鼓励了公民积极同犯罪行为进行斗争。加强对保外就医、缓刑的监外执行罪犯的监督。建立和保持了5个乡、镇的综合治理联系点，开展综合治理活动。

1990-1992年，控告申诉检察工作始终把严肃负责地处理公民的控告、申诉作为一项重要的经常性任务。3年中共接待群众来访37人（次），处理群众各种来信234件（次），审查重婚案件1件，承办申诉案件3件。坚持检察长亲自批阅来信、接待来访和检察长接待日制度；实行"亮牌"办公，搞好文明接待；积极查处"两不一免"和重婚案件，有效地履行了控告申诉检察的职能。

1993-1997年，控告申诉检察工作本着向事实负责、向法律负责、向人民负责的精神，5年中妥善处理来信来访和告急上访总计450件（次）。查处案件23件，纠正申诉的刑事案件1件。工作中坚持检察长亲自批阅来信、接待来访和检察长接待日工作制度，积极开展创建"文明接待室"活动，在1997年初，被省院评为省级文明接待室。

1998-2002年，控告申诉检察工作按照省级文明接待标准，不断提高法律服务质量，妥善处理好各类举报和群众集体上访，为维护社会稳定起到积极作用。共受理群众来信来访515件（次），初查线索107件，移送反贪部门立案18件，占受理举报线索总数的21%。受理刑事申诉案10件，刑事赔偿案3件，召开了公开听证会3次。检察长接待日共受理群众来访364件（次）。2002年初实行了案件线索微机管理。

2003-2006年，严格落实首办责任制和检察长接待日制度，及时、妥善处理群众来信来访96件（次）。继续保持省级文明接待室称号。加强举报宣传工作，深入乡镇大集开展举报宣传，畅通信访渠道；认真做好接待息诉、息访工作，连续五年无进省、进京涉检上访事件发生。经过省院检查验收，连续保持了三届省级文明接待室荣誉称号。

2007-2011 年，牢固树立"强化法律监督，维护公平正义"、"立检为公，执法为民"执法理念。开拓创新，努力拼搏，深入了解人民群众对司法工作的新期待、新诉求，全面做好矛盾排查和化解工作，努力维护社会稳定。全力做好来信回复和来访接待工作，杜绝越级、涉检上访，促进社会和谐。共受理群众来信来访 242 件（次）。其中信访 197 件，来访 45 件；初查案件线索 28 件，化解突出矛盾 20 余起。依据法律规定，对举报线索依法初查。参与初查了辽源市经济开发区棚户区改造办公室出纳员迟丽颖等人犯罪线索，初查后，移交反贪局立案侦查。

2011 年 3 月全国"两会"召开之际，为防止进京上访造成不良社会影响，积极采取与上访人居住地相关部门联合稳控、派工作人员进京接访等工作措施，避免和减少不良社会影响的发生。

发挥法律监督职能，切实为民服务。始终坚持"立检为公，执法为民"执法理念。如：2011 年 5 月 6 日，我院接到东辽县足民乡政府的求助，称该乡安河村水库于 2011 年 4 月份，由于冰冻溶化、年久失修，水库堤坝出现裂痕险情，危及水库下游农民生命和财产安全。经乡政府积极努力，通过水利部门争取维修资金 300 余万元，欲以维修。但水库承包人阻止水库维修，原因是维修水库需放水可能会影响其养鱼经济效益。掌握该情况后，院领导高度重视这一民生求助。主管副检察长亲自带队，直接来到乡政府，与相关领导共同分析情况，积极提供法律咨询，研究解决办法。根据实际情况和法律相关规定，帮助制定了以民事调解为主、履行法律程序为辅、适当经济补偿的解决办法。经过积极的工作，最后乡政府与承包人就水库放水进行施工维修达成了一致意见，使这一民生求助彻底解决。

2012 年，以涉检信访和维稳为重点，继续深化三项重点工作，强化举报等各项工作。全年共接待群众来访 38 件（次），检察长接待 22 件（次）。经审查，直接答复 8 件（次），依法受理 16 件（次）。其中，举报控告类线索 8 件（次）、民事申诉类线索 8 件（次）。依据首办责任制的规定，经检察长决定均做了分流处理，其中、转反贪局 4 件（次）、转侦监科 1 件（次）、转民行科 8 件（次）、控申科初查 1 件（次）、存查 2 件（次）。全年初查举报线索 1 件，配合反贪局初查 1 件，息诉涉检信访案件 1 件。

2013 年，全年共接待群众来访 63 件（次）。经审查，直接答复 32 件（次），依法受理 31 件（次）。检察长接待 24 件（次）。依据首办责任制的规定，经检察长决定均做了分流处理，积极开展举报线索初查，按期办结并依法答复。配合反贪局初查涉农惠农专项活动案件 3 件。积极开展涉检信访的排查及预防工作，切实维护社会和谐稳定，采取对来访者法律引导、思想疏导等有效举措，防止越级访发生。全年未发生越级上访案件及申诉赔偿案件。

2014 年，进一步树立文明接待的工作理念，对合理诉求的，解决到位；对无理诉求的，解释到位。共接待群众来访 40 件（次）。经审查，直接答复 28 件（次），依法受理 12 件（次），检察长接待 26 件（次），息访 3 件 4 人。积极主动地开展涉检信访、上访的排查工作，对来访者采取法律引导、思想疏导的举措，对上访老户案件精心化解，对重点人员情况及时上报，防止越级访发生，切实维护社会和谐稳定。对"缠访"、"闹访"者，耐心做好解释工作，加强与相关部门的联系，严防事态扩大。全年初查案件 2 件 2 人；参与办理反贪污贿赂案件 4 件 4 人；存查 2 件 2 人，移送其他部门 10 件 10 人。

第十一章

社会治安综合治理

　　1984~1986 年，遵循"打、防、教、改"相结合的原则，积极配合有关部门开展社会治安综合治理工作。对犯罪情节轻微，由本院免予起诉的罪犯，建立了考查登记档案和帮教小组，进行定期回访考查，及时掌握情况，制定帮教措施，促使他们成为新人。同时，还根据办案所掌握的情况，抓住倾向性的问题，有针对性地向发案单位和有关部门及时发出检察建议，并帮助这些单位堵塞漏洞，防患于未然。

　　多次同公安、法院等部门配合，对有重大影响的案犯进行公捕公判；协助司法局进行法律咨询活动，普及法律教育，使人民群众知法、懂法、守法，勇于同违法犯罪行为作斗争。通过出庭支持公诉，发表公诉词，进行法庭辩论，张扬法制，揭露犯罪，促使犯罪分子认罪服法，教育了社会上不稳定分子，收到了一般预防和特殊预防的双重效果。

　　在做好刑事案件和自侦案件工作的同时，积极加强综合治理工作的调查研究，认真分析社会治安状况，采取有力措施，减少社会治安不安定因素，巩固斗争的成果。在做好审查批捕和审查起诉工作的同时，对未捕未诉但有轻微犯罪行为的犯罪做到认真查访，定期巡查，积极落实了帮教措施。对不批捕和免起诉的 18 名犯罪分子做了全面回访，并逐个落实了帮教措施。成立了 2 个帮教小组，对 6 名保外就医、取保释放的罪犯也进行了走访，促使他们改恶从善。对在走访过程中发现的问题，及时向有关单位提出了意见和建议。在县委的统一部署下，同其他司法部门一道，开展了"三点揭露"、法律咨询等活动，在人民群众当中造声势，公开打击犯罪分子，震慑不法分子，伸张正义，主持公道，使人民群众提高了同犯罪分子做斗争的信心和勇气。

　　在开展综合治理工作中，会同有关部门进行实地法制宣传教育。如：审查起诉的原梨树乡小城学校教师崔继德诬告陷害一案，在梨树乡公开审理其犯罪事实，并就地宣判，旁听群众达数百名，群众反映非常强烈，教育效果良好。开展综合治理工作，主要是在人民群众当中进行，不但要教育群众同犯罪分子做斗争，敢于揭露犯罪活动，而且还要教育群众知法、懂法、守法。在接待和处理人民群众来信来访当中，一方面对上访群众揭发、检举的犯罪行为进行查处，另一方面注意纠正和调解人民群众之间的矛盾，避免矛盾激化。对上访群众提出的各式各样的问题，给予妥善答复和解决。

在社会治安综合治理调查研究工作中，通过总结打击刑事犯罪活动环节，坚持对典型案例进行调查、剖析，揭露罪犯的犯罪根源、犯罪手段以及对社会造成的危害，以便加强工作中的薄弱环节，正确运用法律武器，推动综合治理工作的开展，1984年9月份前，县内连续发生了7起恶性案件。经过仔细审查，发现这几起恶性案件都是由于内部纠纷而导致杀人、重伤害的发生。办案干警对案件进行综合分析认为，一方面说明犯罪分子胆大妄为，藐视国法，另一方面也暴露了综合治理和调解工作的薄弱环节。院领导决定，将几起案例和分析意见及时向县委写出了书面报告，县委批转了这个报告，各乡、镇、各单位对此反映很强烈，为打击犯罪、教育群众和开展社会综合治理工作提供了科学的分析。

1987-1989年，进一步深入开展社会治安综合治理工作。一是对不捕、不诉但有违法行为的人和免诉、"两劳"释放人员，会同当地公安机关、治保组织落实了帮教责任，进行了定期检查和回访，防止和减少了这部分人重新犯罪。二是结合办案针对有关单位工作上和制度上存在的问题及时向发案单位发出"检察建议"，督促其单位建立健全规章制度，加强防范措施，堵塞漏洞。三是针对一个时期以来，有倾向性的多发案件，及时向县委、人大报送有分析、有建议的情况报告，以便采取有力措施控制案件的发生。四是提高公诉水平，认真发表公诉词，在法庭上揭露并制服犯罪，使罪犯认罪服法，促其悔过自新。五是会同公安、法院开好公捕、公判大会，打击罪犯，震慑不稳定分子，鼓励广大人民群众积极同犯罪进行斗争。六是在五个乡镇建立了综合治理联系点，通过多种方式的法制宣传，开展综合治理活动。七是在县委和上级院的统一领导和部署下，积极参加了保卫党的十三大、防止突发事件、打击刑事犯罪的设卡堵截、集中搜捕、检查机关和企业的安全防范措施等活动。为群防群治，打防结合，有效地预防和减少犯罪，维护社会治安秩序，做出了积极努力。

1990—1992年，认真贯彻中央政法委烟台会议精神、省检察院《综合治理工作细则》、县委和县政府《关于社会治安综合治理的有关规定》，积极参加县委统一部署的专项治理，努力开展检察环节上的综合治理工作。

积极参加县委统一部署的创建社会治安良好小气候区和"一个教育、四个建设"活动，两项工作经检查验收全部达标。加强检察环节上的综合治理工作，通过办案积极提出《检察建议》，并且协助落实，堵塞漏洞，消除犯罪隐患。3年中，结合经济、法纪、刑事案件通过口头和书面形式提出《检察建议》38份，受到发案单位欢迎。进一步做好免诉、不捕人员的帮教工作。从教育人、改造人这个根本目的出发，寓教育于办案之中，通过建立帮教组织、实行重点帮教和包保包教等多种形式，对86名免诉人员、14名不捕人员落实了帮教措施，经跟踪考查，没有重新犯罪的情况发生。对有倾向性的多发案件，及时向上级机关写出《情况反映》，为领导机关宏观决策提供服务，3年中向县委、县人大和上级检察机关报送《情况反映》9份。认真处理来信来访，及时对各种事发苗头进行疏导，把矛盾解决在萌芽状态。安排专人审查未成年人犯罪案件，积极探索青少年犯罪的特点以及对未成年人犯罪的教育、挽救、感化的方法和途径。加强法制宣传工作。结合办理经济、法纪案件中的典型案例，分别在平岗镇、辽河源镇和县工商行等地召开了公开处理大会，以案讲法，向近万名群众进行法制宣传。按照县委的统一部署，组织人员编写近3万字的《刑诉法》宣讲提纲，先后在13个乡镇进行宣讲，为"二五"普法做了积极努力。

1993-1997年，积极参加专项斗争和重点整治活动，认真落实检察环节上的社会治安综合治理措施。5年来，国家、省、市、县为了集中解决一些突出的社会治安问题，组织了专项严打斗争。根据县委和上级院的统一部署，积极组织干警参加"严打"集中统一行动、整治农村社会治安、春季治安会战、反盗窃、打击毁林犯罪等一系列专项斗争，配合公安、法院铲除了一批犯罪分子和流氓恶势力，打击了犯罪分子的嚣张气焰。特别在1996年"严打"集中统一行动中，在短短的百日内，仅审查起诉重点打击的犯罪嫌疑人就达106人，进一步促进了社会治安状况的好转和稳定。同时，结合办案针对一些单位和部门中暴露出来的隐患，发出检察建议200余份，开展较大规模宣传30余次，在部分乡镇、企业、村屯建立综合治理联系点10余个，向社会捐款2万元。并积极参加了县委、县政府组织的扶持贫困户和创建"文明村镇"等活动，收到了良好的社会效果和法律效果。

1998-2002年，继续加大开展社会治安综合治理工作力度。一是检查回访。对不捕、不诉但有违法行为的人和免诉、"两劳"释放人员，会同当地公安机关、治保组织落实了帮教，进行了定期检查和回访，防止和减少了这些人重新犯罪。二是建章建制。结合办案针对有关单位工作上和制度上存在的问题及时向发案单位发出"检察建议"，督促其单位建立健全规章制度，加强防范措施，堵塞漏洞。三是控制案件。针对带倾向性的多发案件，及时向县委、人大报告情况，为领导机关科学决策提供依据，以便采取有力措施控制案件的发生。四是提高公诉水平。认真发表公诉词，在法庭上揭露并制服犯罪，使罪犯认罪服法，促其悔过自新。五是进一步加强乡镇综合治理联系点建设，通过多种方式的法制宣传，开展综合治理活动。

2003-2006年，围绕党政中心任务，坚持以办案维护稳定，执法促进发展的思维谋划综合治理工作，努力为东辽经济社会快发展、大发展创造良好的综治环境。

着眼大局定思路。根据东辽经济社会与时俱进跨越发展的要求，紧密结合新时期检察工作的特点，创新思维，理清思路，把检察职能分解细化融入到服务东辽和社会治安综合治理上面，使检察工作与全县大局紧密联系在一起，增强了检察工作服务大局的针对性，把握了检察工作的正确方向。

强化措施抓服务。深入基层，为民营企业服务。组织人员走访迪康药业等26户较大的民营企业，广泛征询意见和建议，提供检察服务，延伸检察职能。院主要领导多次带队到重点包保的渭津镇和白泉镇贫困户家中问寒送暖，每年春播之前都及时送去种子、化肥，帮助贫困户解决种地困难。同时，深入到帮扶对象——渭津镇小良村、宫家村，安恕镇大道村，帮助制定发展规划，并协调解决修桥、修厕材料、资金及其他物资。大力开展法治进校园、进社区、进乡村的"法治三进"活动，进行法治宣传，维护社会和谐稳定。

狠抓办案促稳定。始终坚持办案维护稳定，执法促进发展的宗旨，积极发挥检察职能，努力为全县社会稳定和政治安定服务。办理刑事案件做到宽严相济，凡重大刑事案件都从重打击，轻微案件则从轻适法，努力营造和谐稳定的社会环境；查处职务犯罪案件，注意维护大局稳定，优化县域发展环境，推进建设廉洁和谐的政务环境；办理其他诉讼监督案件，注意关注社会热点、焦点问题，充分反映民意，化解社会矛盾，维护司法权威，促进社会稳定。

2007-2011年，努力推进社会管理创新工作。结合"群众工作年"等活动，进一步强化社区矫正和社会治安综合治理工作。加强和规范对县域范围内社区服刑人员的常态考察和矫正监督工作。主动与公安、法院、司法行政等机关联系，对分布在全县的监外执行罪犯进行全面考察，及时准确掌握监外执行刑罚的犯罪人员监管改造情况，有效防止罪犯脱管、漏管。协调并支持司法行政机关和有关企业建立社区矫正人员安置基地，解决被矫正人员的实际困难，让他们安心接受社区矫正。

积极参与社会治安防控体系建设。通过举办法制讲座等形式开展法制宣传教育；做好检察建议工作，帮助发案单位堵漏建制；建立预防职务犯罪教育基地，对公职人员做好经常性的廉政教育；积极开展青少年维权活动，妥善化解社会矛盾纠纷，消除社会不稳定因素；加强信访接待示范窗口建设，全面排查梳理疑难信访；采取检察长预约接待、巡回下访、健全信访预警和应急机制等措施，及时解决群众诉求，有效减少重复访，控制越级访；积极开展对羁押期限的专项检察，杜绝了超期羁押。

2012年，以推动社会管理创新为手段，不断增强社会治安综合治理工作的实效。重视检调对接，牵头建立了公检法司联合调解机制，探索适用刑事和解途径，对轻微刑事案件、民事行政申诉案件加强协调，努力促成和解化解和息诉罢访；注重开展案后回访，及时发现和解决矛盾，防止和减少涉检涉法信访发生；在坚持规范执法行为、提高办案质量的同时，进一步完善工作机制，注重从源头上化解矛盾，增进社会和谐。为了认真落实全县经济工作会议精神，以领导牵头、项目带动的方式，在服务全县经济工作的同时，全面加强综治工作。一是成立涉农案件工作组，开展打击涉农职务犯罪专项行动，保护"三农"利益；二是成立检民共建工作组，与朝阳村结成检民共建对子，服务新农村建设，打造过硬典型；三是成立服务农村金融改革工作组，坚持打击与服务相结合的原则，推进农村金融改革；四是成立服务企业工作组，重点帮助企业防控刑事法律风险，出台了"服务重点项目"和"服务小微企业"两个指导性文件，召开了服务重大项目建设及小微企业对接座谈会，10个重大项目和20个小微企业经营者，分别与院领导签订了服务协议，10月，主动联系县域外企业家与县域企业家沟通、联谊，深入交流企业发展成功经验，取得了较好的社会效果；五是成立检察服务联络室试点项目组，进一步贴近人民群众，全方位服务我县工作大局；六是成立社会矫正基地建设项目组，进一步强化社区矫正工作，增强矫正实效；七是成立"七个一"活动工作组，即招引一个超亿元以上的工业项目、帮扶一户重点企业、包保一所学校、帮扶一个薄弱村、帮扶一名贫困党员、一名贫困群众、救助一名贫困学生，全院干警和志愿者服务队共筹措各类帮扶资金2万余元，并全部送到被帮扶者手中；八是成立未成年人法治课堂工作组，针对未成年人特点，开展普法教育活动，同时选派干警参加东辽县"六五"普法讲师团，积极参与到普法宣传活动中去；九是启动"检察公益林"建设，引领社会风尚，年初，在东辽县白泉镇兴泉村西山共植红松、白桦树苗1000多株，为促进东辽生态县建设做出贡献。

2013-2014年，延伸检察职能，积极参与社会管理创新和社会治安综合治理工作。

建立和完善职务犯罪预防机制。3月，向县委提出成立东辽县职务犯罪预防领导小组的建议，得到县委领导高度重视，由县委办公室形成正式文件下发至全县各部门，从而使职务犯罪预防工作形成了有组织、有领导、有配合、有规范的全方位、立体化工作格局。在深入开展预防警示教育进机关、进企业、进乡村、进学校、进社区"五进"活动基础上，会同县委党校制定了《东辽县预防职务犯罪警示教育进党校工作细则》，全年进行了6期培训，培训人数达到600余人。向全县各乡镇、局印发《关于开展预防职务犯罪警示教育宣讲活动》函，目前已在县联社、农机局、国土资源局、白泉镇、泉太镇等单位开展了20余次警示教育，参加人数达500余人。5月初，接到群众反映平岗镇某洗煤厂乱排洗煤污水、破坏环境的信件后，立即安排职务犯罪预防部门干警及时会同环保部门到现场开展调查，促进企业改善生产环境。

建立和完善社会矛盾化解机制。认真落实检察长接待日制度，积极推进"文明接待室"创建工作。共接待群众来访63人（次），经审查，直接答复32人（次），依法受理31件（次）。同时，还建立健全了轻微刑事案件和解工作机制、控告申诉案件调解工作机制，进一步加强了对轻微刑事案件、民事行政申诉案件的检调对接，较好地化解社会矛盾，做到了息诉止访。并在坚持规范执法行为、提高办案质量的同时，加大社会法治宣传力度，努力从源头上减少社会矛盾。

建立和完善弱势群体帮扶机制。以"三帮扶"、"四走进"和"党员结对"等活动为载体，成立志愿者帮扶服务小组，真心为困难群众办实事。志愿者队伍常年帮扶3名家庭困难学生；筹措资金2万余元，帮助1名贫困户建成彩钢住房一座；筹措资金6万元帮助2个贫困村建设村路。

"8·14"水灾发生后，我院积极组织干警到包保乡镇参与抢险救灾，在救灾物资紧缺的情况下，协助包保乡镇解决桥涵用水泥管 90 余根，组织干警为我县遭受洪涝灾害的困难群众捐款 1.63 万元。这些活动的开展，既帮助困难群众渡过难关，又进一步密切了检群关系、维护了社会和谐稳定。

第十二章

计财与装备管理

第一节　装备管理

1993-1997年，在县委、县人大、县政协和上级院的领导、监督、关怀下，特别是在县政府及有关部门的大力支持下，不断加强基础设施建设。1996年在原有550平方米办公楼的基础上新接1375平方米，增添和更新了办公设备、通讯器材、交通工具等，并且为解决干警中午就餐的问题，成立了干警食堂。基础设施的改善，为各项检察工作的开展奠定了良好的基础。

1998-2002年，在经费比较紧张的情况下，积极向上争取资金，努力改善办案条件，使基础建设工作得到了较好地进展。

加快科技强检步伐。在省院的大力支持下，相继增置微机20余台；完善了全院微机局域网；安装了讯问监控系统和举报电话自动受理系统；三级通讯网正式开工建设；新增了图书资料室，购置了相应的法律书籍；对档案室进行了彻底改造，购置必要的硬件设施，实现了计算机管理，目前通过了省档案局的验收，达到了省一级的标准。被省院确定为科技强检试点基层院。

加强办案硬件建设。由于历史原因，我院的办案环境存在着先天不足，影响了正常办案。为从根本上改变这一现象，创造良好的办案环境，克服重重困难，对办案环境进行了全面的维修和改造。新建了讯问室、证人室和监控室，购置了必要的办案工具，较好地改变了办案环境。原有的办案用车车况较差，时常因此影响办案，2002年通过院党组的努力，获得了上级院的支持与帮助，基本解决了办案用车的实际困难。

2003-2006年，在原有基础上，继续加大硬件投入，筹集资金10余万元，添置了数字程控交换机、网络交换机、服务器等硬件设备和软件系统，在全省基层院中，率先开通了高科技标志的全国检察机关三级通讯网，安装了第一部电子邮件传输系统，新购置了20余台微机，基本实现了办公自动化，网络建设有了新的飞跃。新购进2台侦查用车，更新了通勤车。同时，档案工作升入省一级管理。顺利完成"两房"建设。在县委、县政府和省院的大力支持下，积极筹划，争取了"两房"立项和三期国债。经两年努力，顺利完成6000平方米的"两房"建设任务，并同步实施了信息化升级。基础设施的改善，信息化手段的应用，为东辽检察事业的可持续发展奠定了坚实的基础。

2011年，经费保障力度不断加大，后勤管理更加规范化、标准化。紧紧围绕检察工作大局，突出以争取和节支经费为中心，信息化建设为重点，以办案现代化和办公自动化为目标，为检察事业的发展提供有效的资金和物资保障。

加大争取和管理力度，提高经费保障能力。经费保障是计财工作的核心，在经费保障方面进一步充实和完善已形成的保障机制。一是认真贯彻落实"收支两条线"的规定，在县财政年初预算的基础上积极主动地与县财政协调，使专项补助和罚没款退库有了较大的提高。二是加大经费管理力度，年初制订了各科的经费预算，加强了对预算执行情况的管理和监督，保证了检察业务的顺利开展。三是严格财经纪律，做到精打细算，减少不合理支出。

加强检察装备及信息化建设。根据工作需要，为新招录3名干警和12名执法辅助人员，全部配备崭新的微机和其他办公设备。为各科新增了打印机、便携式打印机、扫描仪、照相机等设备。投资30万元更新了路由器、高清视频会议系统、交换机、服务器等设备，使网络速度和安全性有了很大提高。积极配合业务部门，在办案过程中的同步录音录像

16次，并完成资料的订卷、归档工作。投资120万元购置通勤车、指挥车和办案用车，为通勤和办案提供了保障。投入12万元为全院干警购置检察服装和运动服。

规范后勤管理。加强对固定资产的管理，由于近几年固定资产数量增加，为确保对固定资产能够规范管理，利用固定资产管理软件，建立了固定资产信息库，做到了底数清，账目明，管理和使用科学有序。加强车辆管理，年初制订了车辆使用管理办法，并严格按办法实施，确保了公务和办案用车安全高效。做好办公、办案物品和文书的管理、发放，能及时足额满足各项工作需要。搞好干警福利，抓好食堂管理，为干警提供了较好的用餐环境和质量。坚持从优待警，全年每个重要节日都有一定的福利待遇。

做好安全保卫工作。安排并落实值班值宿，做到了全年无安全事故发生。为全省检察文化建设现场会的顺利召开做了充分的准备工作。完成了标准化文件的修订和完善，并按标准化的要求开展工作。"两房"建设立项进入关键时期，积极向省院、市院、县委及县政府汇报，争取支持。协调发改局、建设局、国土局等部门，保证"两房"建设前期准备工作有序进行。

第二节 "两房"建设

东辽县检察院身处经济基础薄弱的县城，面临案件难办、队伍难带、日子难过的各种不利因素，经4任检察长为首的党组不懈努力，办公办案楼房建设先后迈出了三大步。第一次是1984年市、县分设之初，从借住不足100平方米的几间办公室、多家单位在一起办公，到1987年和县法院共同建造一座二层楼房，有了庭院和属于自己的550平方米办公楼；

第二次是 1996 年初，在"严格执法，狠抓办案"的工作方针指导下，为加快检察事业发展，在原楼基础上又新接了三层，面积达到了 2300 平方米，办公条件有了较大的改善，硬件设施和科技强检工作实现了新发展；第三次是在 2003 年末，积极抢抓机遇，被列入全省第二批利用国债实施"两房"建设的基层院。从 2004 年 6 月到 2005 年 9 月历时 15 个月，按照县委确定的"建成东辽一景"要求，建造了具有古朴典雅风格与现代技术相结合、功能齐全的检察综合楼，实现了专业技术用房和办公办案用房的新飞跃。综合楼占地 7300 平方米，主楼加附属楼 2 栋，总面积为 5900 平方米，工程总造价 900 余万元。2005 年 9 月 29 日，在综合楼门前，举行了"欢庆建国 56 周年升旗仪式"活动，检察官们庄严的集体宣誓，标志着东辽检察事业开始迈向新的征程。

居安思变，在"两房"建设上谋发展。"两房"建设之前，尽管办公办案面积人均 40 余平方米，工作环境在辽源地区还算过得去，但是与新形势下"两房"建设要求相比，还有很大的距离。体现在不仅仅是老楼与法院同处一院有诸多管理不便之处，而且受格局和发展空间的限制，难于追求大作为、实现快发展。院党组针对近年来各项工作进展情况，专门组织了系统调研。考虑到院里继省级"五好院"、省级"人民满意检察院"后，又连续三年被评为市级"先进院"、一次省级"先进院"，两次被省院授予集体三等功，被市委、市政府授予"精神文明建设先进单位"，并在争创国家级"先进院"中，精神状态好、拼劲十足，全院工作整体呈上升阶段。上级院和县委、县政府对我院工作支持力度不断加大。检察事业发展既有良好的内部环境，又有优良的外部环境。如果满足现状，不求进取，就将失去千载难逢的大好时机，延缓东辽检察事业的发展。面对检察事业大发展的趋势，必须乘势而上，加速发展，变快走为快跑，抓住国债支持的有利契机，克服困难，把我院的专业技术、办公办案用房建起来，把东辽检察事业推向高速发展的快车道。院党组统一思想后，在全院提出了"创新思维，创业发展"的口号，果断决策争取国债支持，实施"两房"建设。在上级院和县委的大力支持下，顺利实现了国债立项支持。

与时俱进，在"从优待检"上求突破。由于市、县几次分设的历史原因，绝大多数干警的家一直住在市内，每天都需要从市区内奔波到县里上班，生活和工作有诸多的不便。多年以来，一直没能找到合适的机会，在县城建造自己的家属楼。"两房"建设项目确定之后，考虑到工作环境改善了，干警的实际生活条件也应统筹安排一下。在财政只能保基本工资，而工作任务异常繁重的情况下，干警生活是很清苦的。党组深深感到在开展"以德建院"的现代检察工作中，必须坚持"以人为本"的原则，为干警解决实际困难，帮助他们消除后顾之忧，这也是调动广大干警工作积极性的一个重要手段。因此，在"两房"选址的同时，统筹考虑了家属楼的建设用地。在家属楼建设前广泛征求意见，外观设计、内部结构等方面，都充分考虑了干警们的意见和建议，并根据大家的需求，划分了80、100、140平方米三种户型，集资建造了5200平米家属宿舍楼，每名干警一户。2004年8月正式破土动工，年末实现了主体封闭。2005年5月，家属楼全面竣工，交付使用。

把握机遇，在赢得帮助上想办法。在争取国债方面，县委给予了大力关注和支持。县委书记和检察长一道，专程向省院主要领导机关汇报东辽检察工作发展情况和东辽面临的实际经济状况，努力争取上级领导对东辽检察工作的理解、支持和帮助。省院领导态度坚决、十分支持，帮助解决了两期国债，分别是2004年130万元、2005年80万元。

　　"两房"建设立项后，摆在面前的一道难题就是选址。院党组坚信只要紧紧依靠县委、县政府的有力支持，千方百计想办法，就没有克服不了的困难。领导班子邀请县委书记和县长一道实地踏察、帮助选址，并把相关部门领导邀来现场办公，确定了县城"机关一条街"东面的一处地面，把县城规划原来建三家单位办公楼的一处，独立争取为检察院一家。同时县里还给予了优惠政策，仅用了 70 万元，就完成了 7300 平方米的动迁任务。由于县委、县政府的关怀和大力帮助，在相关部门的大力支持下，仅地上物动迁和城市建设规划两项，土地和城建部门就减免费用 60 余万元。

　　在建设中，我们把每一份精力、每一份关系都投入在了"两房"建设中。为节约建设资金，院领导和基建办的同志，多次协调电力、建设、设计、监理、交通等部门寻求帮助。由于积极主动的努力，相关单位和部门的领导也积极参与到我们"两房"建设，主动帮助解决困难，费用能减免的减免，原材料能帮助解决的就帮助解决。为"两房"建设节省了百余万元的资金，保障了工程得以顺利进行。

　　厉行节约，在开源节流上算细账。由于严重缺乏资金，因此，在确保工程质量和进度的同时，必须在如何节约上动脑筋、做文章。

　　在工程承包上，做到低价发标。一方面，积极考察市场，请相关技术部门做好预算，严格把关。另一方面，到近年来尤其是刚建好办公楼的单位去取经，学习他们的经验，掌握第一手资料，做到心中有数。施工设计和工程建设，均是以当地市面最低的价格进行的招投标。

　　在建筑材料的采购问题上，做到质优价廉。把质量好、价格低放在第一位，事先和工程队就协商好主要建筑材料由院里提供，这样既可以保证质量，又可以节约资金。为此，在进行土建工程时，检察长带领主管副检察长和基建办同志一道采购，在购买水泥、砖、沙石、钢筋等材料上，坚持货比三家，做到质高价低。在内部装修购买瓷砖、办公桌椅、门窗、大理石等过程中，大家一同先后多次到周边城市和当地市场进行考察，了解市场价格、货物质量，对选定的东西集体和对方侃价，把价格降到最低限度。上述几项物品，比市价就省了十几万元。如装修窗台时，联系了几个大理石经销商，他们经我们相中的大理石报价都在每平方米150元上下，无论怎么讲价也谈不下来，后来经过考察市场，确定的价格大约节省了一半资金。从沈阳拉回来的办公桌椅，比本地市价便宜了3万多元，而且质量令人十分满意。

全院干警集思广益，献计献策。一方面号召大家为"两房"建设出谋划策，另一方面动员有能力的干警为院里分忧解难。如：在购买地砖前，领导安排把从营口等地带回来的诸多样品编上号，摆在一楼大厅里，对新楼大厅、走廊、室内等装修的初步打算向干警们通报，集中听取大家对材料价格、质量、颜色搭配的意见。再如，在搞内部装修设计征求大家意见时，一名老干警听到此事后，为了给院里省下设计费，主动把女儿从外地叫回来免费为院里进行设计。

充分利用原有的办公用品，减少浪费。在搬迁到新楼之前，有几家关系不错的单位找上门来。希望把老办公桌椅和床等一些物品送给他们。对此，本着勤俭持家的观念婉言谢绝，并对全院物品进行统一管理，集中充实到各个接谈室、活动室、查账室和干警休息室等附属房使用，减少了不必要的开支。

2014年，经请示上级院同意，针对全院的网络系统、弱电系统和"两房"基础设施年久失修的实际情况，进行了改造和维修，进一步提高了办公办案用房工作效率，为东辽检察事业长远发展提供了坚实的物质保障和新的发展平台。

第十三章

案件管理

自 2006 年 6 月以来，按照省院的部署和要求，把案件管理工作作为"执法规范化、管理科学化"的重要内容和有效载体，放在了突出位置。专门成立了案件管理机构，配齐配强了工作人员，及时配置软件及相关设备，扎扎实实地开展了软件使用培训工作。2007 年 1 月起开始网上录入案件，进入案件管理软件试运行，至 2008 年 8 月末，全院已完整录入案件 667 件。干警们不但经历了从抵触到自觉使用案管软件的心路历程，还经历了从陌生到熟练掌握软件操作的过程。由于网络办案的广泛应用，执法行为进一步规范，办案质量明显提高，有力地促进了东辽检察事业的健康发展。2008 年 7 月，经省院领导推荐，省院考核组考核，并报高检院批准，我院被高检院确定为规范化管理机制第二批试点单位，引入了 ISO9000 国际质量管理体系的先进管理理念和管理模式。全院以此为契机，向着"执法规范化、队伍专业化、保障现代化、管理科学化"的目标扎实迈进，不断提升队伍建设、业务建设和检察事务管理水平。

强化领导，精心实施。案件管理工作开展之初，部分干警存在模糊认识，有的甚至有强烈的抵触情绪。这是首先要解决的前提性问题，而最重要的则是领导的态度和决心。为此，院里多次召开党组会、中层干部会以及全体干警会，反复学习传达省、市院领导讲话和有关文件精神。通过深入学习和动员，使全院干警逐步认识到信息化服务办案、提高案件质量的优势所在，认识到早实施早主动、晚实施必被动的现实。认识的提高，带来了行动的飞跃，出现了"三带头"局面，即院领导带头，各业务科室骨干人员带头，侦监、公诉科带头，为全面开展网上办案工作奠定了坚实的思想基础。

健全机构，配强人员。在推行网络化办案工作中，成立了专门的机构——案件管理办公室。选派一名责任心强、业务精通的主诉检察官任案管负责人，由一名计算机专业人员负责网络技术工作。确定科室的负责人作为案管负责人，在科室内部另确定一名业务骨干为案管员。在领导层上，形成了检察长亲自抓，分管副检察长全力抓、其他副检察长配合抓的工作格局，从而在组织机构和人员配置上，为案管工作运行提供了有力的组织保证。

加大投入，创设条件。坚持把信息化建设作为促进检察事业可持续发展的重要工作来抓。网络化办案要求高，技术含量高，在硬件建设上需要很大的投入。为此，首先从加强硬件建设入手，加大投入，为网络办案顺利运行提供平台。在"两房"建设外欠资金沉重，资金极为紧缺的情况下，院党组克服重重困难，多方筹措资金20余万元，按省院要求购置了服务器等案管工作必备的硬件设备。硬件配置完全符合省院规定的案管软件运行标准，为案管软件运行提供了良好的硬件应用环境。

加强管理，全力推进。根据省院《吉林省检察机关办案管理暂行规定》、《吉林省检察机关网络办案管理规范》、《吉林省检察机关网络办案信息录入规则》等文件要求，制定了"主管检察长统筹，案管办牵头，技术部门配合，业务部门实施"的工作原则，进一步明确案管工作的相关责任。同时，将网络办案工作作为年末岗位目标考核的一项重要内容列入工作计划。

加大培训，奠定基础。针对干警微机操作水平不平衡，部分同志计算机基础知识和应用能力较差，根据对填充式的案件录入方式不适应的实际情况，采取区别对待、灵活多样的培训方式，坚持向培训要技能，向培训要运行。

抓好案管员、网管员自身培训。首先安排案管员和网管员全程参加省、市院的集中培训，在对软件做到全面了解的基础上，再组织他们对案管软件进行系统深入的学习。随后以各科室办案人员身份，进入各个办案流程，反复熟悉演练，达到熟练掌握和运用软件各种操作技能的目标。2007 年 8 月，组织案管员和网管员参加了省院集中培训。通过集训，案管员和网管员案件管理软件操作技能和管理水平得到了进一步提高，为顺利推进案管工作奠定了基础。

抓好骨干人员培训。院里决定各科室确定一名微机基础好、业务素质高、责任心强的同志为案管员。由案管员和网管员对每个科室的案管员进行一对一的培训，明确要求其全面系统熟练掌握本科室办案流程所规定的内容，并负责指导本科室其他同志网上办理案件。各部门案管员潜心研究所办案件及本部门案管系统软件相关内容，详细、全面录入案件信息，很快熟悉和掌握了本系统办案流程各种功能，总结出了案件录入方面很多宝贵经验，并提出了很多有价值的意见和建议，带动了本科室其他同志的网上办案工作，成为了各科室案件管理工作的骨干力量。

抓好重点科室培训。根据各科室业务的不同、网上录入工作量不同的实际，对网上录入信息工作量大的侦监科和公诉科，实行普遍、全员培训；对工作量少、经常外出办案的自侦部门，注重抓内勤、骨干人员培训。侦监科、公诉科通过严格规范录入正在办理的案件信息，使用软件办理案件早已形成习惯，已体验到软件自动生成文书、信息共享等功能带来的方便与快捷，增强了网上办案兴趣，提高了办案质量和效率。

以激励机制开展培训。为进一步推进网络化办案工作，开展了文字输入、文件编辑、案件录入竞赛活动。对考试、竞赛达标的予以物质奖励，提高了干警参与网上办案的积极性。同时对每个科室、每名办案人员每月案件录入情况，进行督促检查，实行一月一考核一通报制度。对录入情况好的人员及科室给予通报表扬，录入不好的给予批评，并由党组找该部门负责人谈话，促使其及时改正。

学习先进院案管经验。2007年10月，组织案管人员和部分干警到吉林蛟河市院学习案件管理经验。在借鉴兄弟院先进管理经验的基础上，结合本院实际，实行了网上日常监控、督导和检查工作，建立了《案件管理日常监控管理制度》，对案件进行及时、动态监控管理。

分类实施，规范运作。自2007年1月案件管理软件运行以来，严格按照《吉林省检察机关网络办案信息录入规则》的要求录入案件，在实际办理案件过程中，各部门又结合本部门办案管理系统的特点，总结出各自的录入经验，并注重办案行为的规范，真正成为推动网上办案工作的主体。

自侦部门针对自侦案件复杂、证据种类多，数量大的实际情况，抽出专人负责案件录入，并审查证据。同时将笔记本电脑所录取的言词证据，以电子文档形式存入案管系统电子资料包中；将大量的票据等书证进行清理归类，主要的书证通过扫描仪保存到案管系统电子资料包中，在案管系统中只录入书证清单及所证明的问题。这样，既缩短了录入时间，又提高了录入的准确性。

公诉部门是使用案管软件办理案件最多的部门，案件多，工作量大。为减轻公诉部门的工作压力，侦查监督科详细录入审查逮捕案件的案件信息，公诉部门直接导入批捕案件信息，节省出时间全面审查案件事实和分析证据，确保公诉案件质量。并将主要精力投入到编写录入出庭准备工作相关文书和对判决书的审查。

民行部门在实行案件管理软件办理提请抗诉案件前，一直按提出抗诉程序代为市院办理案件。因办案行为的不规范，在使用案件管理软件办案时，民行工作人员很不适应，并且认为完全是徒劳无益的负担。经过一段时间的磨合，按照案管软件提示的程序办理提请抗诉案件，自动生成相关文书，内部履行签批手续，然后得出提请抗诉结论结案。结案后再将相关案件材料报市院，由市院审查是否提出抗诉。通过实行案件管理软件办理案件，规范了两级检察院执法行为。

以规范化管理机制试点工作为契机，不断提高案件管理能力和水平。作为高检院第二批规范化管理机制试点单位，引入了 ISO9000 国际质量管理体系的先进管理理念和管理模式，以先进科学的管理理念和管理模式规范检察行为，借以更好地全面履行检察职能。以此为契机，将案管软件规范的管理程序借鉴到体系文件的编撰过程中，结合《检察机关综合信息管理系统》软件及工作实践经验，编制了《案件管理工作操作规程》、《案管管理工作操作标准》、《案件管理办公室岗位说明书》。各业务部门将案件网上录入管理工作纳入到规范化管理体系中，网上办案发挥直接、快捷、动态的管理功能，规范化管理发挥规范到位、管理到位、操作到位的优势，互为补充，互为促进，有力地规范和推动了案管工作的开展。推行网络化办案是将信息化手段应用于办案的一项创新工作。一方面干警的信息化应用能力和水平得到了明显提高；另一方面网络办案正常推进，信息化的便捷和效率已深为干警所接受和喜爱，办案行为得到进一步规范，办案质量得到明显提高。

2013 年，按照省、市院关于成立案件管理中心的工作要求，陆续开展筹建工作。制作了案件管理中心工作平台，购置了案卷安全存放专柜、监控装置、卷宗扫描仪等工作设备，已基本达到工作的硬件要求。根据工作需要，制定侦监案件管理、公诉案件管理、自侦案件管理、综合业务管理工作标准及流程和相关记录。为即将运行工作奠定理论基础。案管中心运行以来，依据受案条件与范围，受理公安机关提请逮捕案件 57

件 69 人、移送审查起诉案件 82 件 137 人，受案后依据规定及时移送办案部门办理。

对统一受理的案件自受理之日起、对立案登记的案件自立案之日起，对办案程序和期限进行跟踪、预警和监控。发出流程监控预警提示建议 33 份。依据相关规定及审批程序，开具批准逮捕决定书 58 份、不批准逮捕决定书 12 份、拘留决定书 27 份、取保候审决定书 80 份。起诉书备案 54 份 103 人，反贪局立案决定书备案 5 份，反渎局立案决定书备案 13 份。

对自侦部门扣压涉案款的清单和计划财务部门保管收据进行登记备案。涉案财物监管 93.3 万元。对本院办案部门填录的案件登记卡、统计数据的规范性、真实性进行审查，准确无误完成每月向上级院统计报表工作。定期完成案件管理工作动态分析。接待辩护律师查阅、申请调取材料 16 件（次）。

2014 年，依据受案标准，受理公安机关提请逮捕案件 79 件 85 人，受理移送审查起诉案件 211 件 254 人，受理民行部门自行发现案件 19 件，受案后依据规定及时移送办案部门办理。办理流程监控案件 52 件，向办案部门发出办案期限预警提示 63 份。对本院办案部门填录的案件登记卡、统计数据的规范性、真实性进行审查，准确无误完成每月向上级院统计报表工作，定期完成案件管理工作动态分析。接待辩护律师查阅、申请调取材料 27 件（次）。

第十四章
检察信息与技术

　　东辽县检察院是全省检察机关较早开始信息化建设的基层院之一。院党组对信息化建设认识高，定位准，部署早，动作快。特别是在贯彻落实"全国检察机关科技强检工作会议"精神上，紧紧围绕"三位一体"机制建设的目标，积极贯彻落实《全省检察机关 2003 — 2007 年信息化规划》的建设要求，不断加大检察信息化建设工作力度，较好地发挥了信息化在检察业务和各项管理工作中的作用，有力地推进了全院的规范化建设，为进一步强化和践行"强化法律监督，维护公平正义"的检察工作主题，起到了助推器的作用。

　　加强领导，更新观念，把信息化建设摆在突出位置。院党组保持清醒头脑，始终把信息化建设摆在突出位置，积极推行"一把手"工程。为加强领导，院里专门成立了以检察长为组长，以主管副检察长为副组长的信息化工作领导小组，负责信息化建设的组织协调工作，日常工作由装备科负责，分工明确，责任具体。形成了主要领导亲自抓，分管领导具体抓，其他领导配合抓的工作格局。对于整体规划、重大事项，由党组统一研究，遇有难点问题由一把手亲自过问，统筹安排，不但提高了工作质量，而且进一步提高了办事效率。在信息化建设的过程中，领导同志率先学习信息技术知识，率先提高对信息化建设必要性和紧迫性的认识，对于干警中存在的对信息化建设的模糊认识、抵触情绪和畏难情绪及时引导和纠正。通过召开党组会、中层干部会以及全体干警大会，反复学习传达省院、市院领导关于信息化建设的讲话和有关文件精神。通过深入学习和动员，使全院干警逐步认识到信息化建设是检察工作发展的必然趋势，认识到信息化服务于办案、提高案件质量的优势所在，认识到早实施早主动、晚实施就被动的必然结果。认识的提高，实现了观念的转变，带来了行动的飞跃，出现了"三带头"局面，即院领导带头，中层干部带头，主要科室带头，为全面开展信息化建设打下了坚实的思想基础。

超前规划，精心实施，努力建设坚实的基础网络。我院一直把基础网络建设作为信息化建设的重中之重，超前规划，精心实施。早在2002年就开通了本院局域网，2003年在全省基层院率先开通检察系统三级网。特别是2004年开始的"两房"建设，为信息化建设提供了难得的推进机遇。院党组制定了超前规划、同步实施的建设思路，聘请专业公司进行精心设计和精心施工，确保了网络建设的科学化和先进性。2005年，随着新办公楼的投入使用，重新建成并开通了院内局域网、检察系统三级网，开通了办公楼全天候监控系统，开通了电话举报自动受理系统、专线电话系统、视频会议系统、机关考勤信息化。2006年又抓住了"全程同步录音录像系统"、"案件管理系统"建设的契机，坚持精心谋划、优先配置、系统培训、率先运行的原则，使管件管理工作走在了全省检察机关的前列。与此同时，购置并安装了正版趋势杀毒软件和东软防火墙，有效地保障了网络系统正常安全地运行。

多方筹措，加大投入，切实解决信息化建设的资金瓶颈。多年来，院党组一直在下决心、下大力气搞好信息化建设，坚持多渠道、多角度、多层次筹措资金。东辽是财政补贴县，财政经费一向十分紧张，每年给予我院的经费极为有限，根本无暇顾及信息化建设。在这种艰难的条件下，院主要领导多次向县委汇报信息化建设情况，积极与县政府沟通，尽量争取财政资金。同时，主动与财政部门协调，力争罚没款多退库，尽可能地把资金集中在信息化建设上，2003年起，在省院的大力支持下，在省、县两级财政的支持下，加大了配套资金和自购设备的投入，共筹措并投入信息化建设资金100余万元，确保了信息化建设的基本需要。

同时，为保证网络化办案的需要，从加强硬件建设入手，在"两房"建设资金极为紧缺的情况下，千方百计筹措资金 20 余万元，按省院要求购置了 2 台服务器，对原有的计算机进行升级，购置了近 20 台计算机充实业务科室，为中层以上领导干部配备了汉王笔，为各办案人员配备了加密棒，服务器上安装上加密卡。办案所需硬件配置完全符合省院规定的案管软件的运行标准，为保障案管软件运行提供了良好的硬件应用环境。

以建为用，以用促建，积极推进信息化的广泛应用。本着"以建为用，以用促建"的原则，积极推进信息化的广泛应用。在以建为用方面，除开通了视频会议、电子邮件、信息发布等基本应用外，结合"三位一体"工作机制要求，把队伍建设、检察业务、日常行政管理等方面的工作都纳入了信息化管理。如：提高综合常规管理能力和工作效率的办公自动化系统、提高自侦能力的侦查指挥系统、加强检察机关安全保卫工作的监控系统、干部人事工资管理、文书档案管理系统、机要通道系统，以及代表检察业务信息化应用水平的案件管理系统。通过加强建设为信息化在检察工作中的广泛应用提供平台并使其得以顺利进行。在以用促建方面，通过信息化应用及软件试运行，对实践中所遇到的问题归纳出来，上报市院及省院，请求市院或省院解决。如：在网络办案管理系统应用时发现，反贪部门权限设置不清，案件流程进行不下去；公诉部门自动生成的起诉书不规范，不能使用；数据库转库信息不完整，有些数据还要重复录入等问题。通过此举，将所发现的问题及时上报，并及时得到了解决，对信息化的不足之处进行调整和升级，起到促进信息化建设的作用，从而使信息化被广大干警所接受，并得以广泛应用。

强化培训，提高素能，大力提升干警的信息化应用水平。随着信息化建设的逐步推进，对干警的素质和信息化应用能力及水平提出了更高的要求，院党组从提高干警信息化应用能力入手，多次组织干警学习计算机及信息网络基础知识，开展计算机操作培训、计算机操作竞赛活动，组织并鼓励干警参加计算机等级考试，干警的计算机和网络应用技能明显提高。全院干警通过计算机一级考试 46 人，占干警总数的 92%。每名干警都已掌握计算机的一般知识及基本操作技能，均能自如地收发电子邮件，使用杀毒软件，特别是在网络化办案方面，均能牢固掌握并熟练操作，达到了应用网络信息资源服务于检察工作的效果。此外，在每个科室选出至少 2 名既熟悉微机操作，又通晓检察业务的干警作为复合型人才，重点培养，并把他们作为信息化建设和应用的骨干力量。

一面建设，一面规范，使信息化建设驶入制度化、规范化轨道。在信息化建设过程中，按照"一面建设，一面规范"的工作思路，不断强化对信息化建设的规范化管理。一方面，严格按照《检察机关信息网络系统 IP 地址规范》、《检察机关信息化网络系统域名规范》、《检察信息化应用系统技术规范》等文件的要求，对基础网络进行了系统科学的建设；完全按照省院的要求，对硬件和软件进行了选购、配置、安装、运行。另一方面，设置了信息化建设和管理机构，配备了 1 名专业技术人员负责网络系统的管理和维护。制定并实施了如：机房管理制度、网络管理员责任制度等一系列的信息化建设和管理制度，使我院的信息化建设一直在规范化、制度化的轨道上运行。经过几年的努力，我院通过加强信息化建设，有力地推动了检察业务建设和队伍建设。

第十五章

检察文化建设

第一节　检察文化总体构想

东辽县检察院检察文化建设总的指导思想：以党的十八大精神为统领，全面贯彻实施《人民检察院基层建设纲要》，始终把握和坚持检察文化建设的正确方向，始终把握和坚持业务能力建设的永久战略，始终把握和坚持执法公信力建设的政治要求，始终把握和坚持人民群众满意的根本宗旨，努力造就一支忠诚可靠、执法为民、务实进取、公正廉洁的高素质检察队伍。院检察文化建设的总体目标：努力建设一个善于领导检察事业科学发展的领导班子；努力打造一支业务精、作风正、忠诚可靠、公正廉洁的检察队伍；努力营造一个和谐愉悦、健康快乐、育人励志、催人奋进的良好氛围，为检察事业的科学发展提供坚实的智力支持。

一、具体目标

加强制度文化建设。制度文化建设目的是约束检察队伍的举止。要从强化检察效能入手，建立健全岗位目标管理机制、选人用人机制、检察人员分类管理机制、业务工作运行和案件流程机制、内外监督制约机制五项机制，并将长期以来行之有效的各项业务工作制度和队伍管理制度不断完善，形成相配套的实施细则，用制度来规范干警的行为，尽最大可能地调动干警主观能动性和工作积极性，推动各项检察工作的科学、规范、有序管理。

加强政治文化建设。政治文化建设以提高检察队伍的凝聚力、战斗力和干警的整体素质为前提。要立足于"立检为公，执法为民"的执法理念，坚持与时俱进和严管重教相结合的原则，通过严密的思想政治工作和严格的办案程序引导干警公正执法，文明办案。要尊重干警的主人翁地位，着重做好办案第一线思想政治工作，加强干警八小时以外的延伸管理，树立拼搏奋进的东检精神，使我院检察文化建设基本理念融入到干警的思想和行动中。 加强学习文化建设。建设学习文化目的是以提高干警个体的学习能力来提升检察团队的竞争力，推动工作的创新发展。要通过深入开展创建"学习型检察院"的系列活动，努力营造学习的氛围，为干警构筑一个建设学习文化的平台。一是从可持续发展的角度，解决全院干警对建设学习文化重要性和迫切性的认识问题，使学习成为每位干警的成长动力和自觉行为。二是将建设学习文化的各项活动融入到日常的生活工作之中，培养干警"学习工作化，工作学习化"的观念。三是鼓励干警利用业余时间参加学历升级和鼓励书记员和检察人员参加司考，引导干警自我充电，并定期组织开展业务培训、知识竞赛、岗位练兵、检察调研、经验交流等活动，不断提高干警的综合素质和业务技能。

加强科技文化建设。建设科技文化是通过走科技强检之路，实现向科技要效率的目的。要不断增加资金投入，更新设备，突出计算机网络、多媒体示证系统、侦查技术装备的建设，优化办公自动化资源，及早实现无纸化办公办案，提高检察工作的科技含量。要不断开发和利用网络资源，引导干警在网上开展政治、业务学习和交流，传播有关检察工作的信息，宣扬和树立检察干警的正面典型，发挥先进科技文化对干警潜移默化的渗透和导向作用。

加强党建文化建设。党建文化建设要以带动队伍建设为总体思路，通过发挥党组织的战斗堡垒作用和党员的先锋模范作用，将党建文化的理念融入到对党员的教育、管理和监督之中。一是要采取党员座谈会、党课、电化教育、参观爱国主义教育基地、走访慰问特困户、"一帮一"联手互建等形式，对干警进行国情教育和艰苦奋斗教育，强化干警的大局意识和宗旨观念。二是完善党风廉政建设责任制，落实"一岗双责"，通过层层签订党风廉政建设责任状，将党风廉政建设的各项工作落到实处。三是推行"五个一"工程，各支部要推荐弘扬主旋律的视听作品，包括一本好书、一部好电影、一个有启发意义的故事、一首好歌、一句好格言，组织党员干警阅读、观看、学唱和诵读，传播和弘扬党建文化。

加强物质文化建设。物质文化建设的目的是美化干警生活、办公环境，提高干警生活质量和工作效率。一是以事业催人。创建公正、公平的竞争激励机制，激发干警的内在动力，让每个干警真正将事业基础建立在东检。二是以情感人。营造互助、互谅、互敬的温暖大家庭和快乐工作的氛围，以切切实实的行动关爱干警，解决干警工作、生活、家庭等方面的实际问题，使干警对东检产生信任感和安全感。三是以待遇留人。积极争取地方党委和政府的支持，千方百计改善干警的生活条件和福利待遇，同时在对青年后备干部的教育、培养、使用问题上要大力倾斜，以及加大对新录入或选调大学生的食宿、出行条件的投入，做到吸引人才、留住人才、重用人才，使干警对东检产生依赖感和归宿感。

二、保证措施

塔尖是院党组，实施党组工程全力抓好此项工程。

塔身是院各部门中层领导，是落实此项工程的关键。

塔基是全体干警，是开展好此项工程的基础和根本保障。

院党组为推动检察文化建设的深入开展，要找准组织综合管理和干警广泛参与的结合点，实现检察文化建设的互动参与。院党组统一策划检察文化构建的方向，政治处、党总支和各业务部门要分工负责，各有侧重，形成合力。

检察文化建设日常工作由政治处牵头，并负责组织、协调、督促和领导。

第二节　检察文化宣言

检察文化是指一个检察团队及全员在检察工作和法律监督实践中培育形成并共同遵守的基本理念、基本价值观、基本行为习惯等的总和。

培育并发展优秀的检察文化，塑造东辽检察官崇高的职业理想、高尚的精神品格和良好的社会形象，创建人民满意检察院，是东辽县人民检察院矢志不渝的奋斗目标。

要通过大力加强检察文化建设，凝聚检察团队的整体合力，提升检察软实力，促进和谐检察建设，激励检察官自觉践行检察工作主题，推动东辽检察工作科学发展，为实现职业理想和共同理想而努力奋斗。

一、职业使命

以规范的检察行为创造和谐的社会局面
以良好的职业操守赢得人民的真诚信任

二、核心价值观

强化法律监督　维护公平正义

三、职业道德

忠诚　公正　清廉　文明

四、理念体系

（一）检察基础理念

以人为本　崇德尚法　保障人权　增进和谐

（二）规范化建设理念

素质兴检　文化育检　科技强检　管理促检

（三）生活工作理念

健康生活　快乐工作　风清气正　昂扬奋进

（四）职业道德建设理念

坚守良知　执着信念　润物无声　砺志笃行

五、建设模式

实践先行　理念引领　氛围营造　载体创设　歌声激励　内修外塑

六、建设机制

党组主导　检察长主责　政治处主抓　部门主角　干警主体

第三节　检察文化建设的实践

东辽县人民检察院的文化建设起步于高检院提出文化育检方针的前后。当初，虽然对检察文化建设有一些初步思考、探索和实践，但对检察文化的真正内涵、意义理解得并不深，推进的力度也不大。2005 年一个突如其来的情况，使院党组受到了深刻触动。全院 55 名检察人员中竟有 7 人相继因病住院,一时间在全院范围内造成了健康恐慌。与此同时,个别检察人员办案不廉洁,以权谋私的情况在社会上也有所反映,影响了检察队伍的良好形象。面对现实,深刻反思,院党组达成如下共识:在坚持传统教育方式,发挥思想政治工作优势的同时,必须立足工作实际,适应时代要求,努力打造具有时代特色和检察职业要求的检察文化,改善检察人员的心智状态,强化廉洁从检意识,提升队伍建设层次。从此,院党组进一步加大力度、强化措施,把检察文化建设牢牢抓在手上,成立了检察文化建设领导小组,相继制定发布了《东辽县人民检察院关于加强检察文化建设的总体构想》和《东辽县人民检察院检察文化宣言》。每年都专门召开会议研究如何加强检察文化建设,并拿出专项经费支持,从此开始了检察文化建设的探索与实践。近年来,省院高度重视检察文化建设,相继出台了《关于加强检察文化建设的实施意见》和《检察文化特色院创建活动工作方案》,部署和推进全省检察文化建设。辽源市人民检察院制定了《关于推进廉检文化建设的指导意见》,系统地提出了廉检文化建设的基本原则、主要任务、基本途径、保障措施等,形成了以廉检文化为核心的检察文化建设体系,推进了全市检察文化建设和队伍建设,也形成了辽源特色的检察文化品牌。上述文件下发后,通过认真学习和深入讨论,进一步明确了本院检察文化的发展格局,确定了以传统文化为背景,社会主义文化为导向,法治文化为基础,监督文化为特征,廉检文化为核心的检察文化建设体系,从此方向更明确,目标更清楚,并且推进了新的实践。上下联动,统筹推进,形成了长效工作机制和良好工作态势。

加大投入确保硬件建设。抓好科技武装是确保检察文化先进性的重要手段,也是全院体悟领会到的检察文化的应有内涵。院里高度重视检察文化硬件建设，克服"两房"建设债务沉重、办案经费异常紧缺的困难，与"两房"建设同步配套，多方筹措资金，投入经费 100 余万元，使检察文化建设设施先进，配套齐全。与"两房"建设相同步，建设了技术先进的多功能视频会议室、干警健身中心、乒乓球室、篮球场、羽毛球场、荣誉室、图书阅览室等文化建设阵地，为东辽检察事业插上了腾飞的翅膀。

设立检察文化教育基地。集中展示廉政文化的重要思想、光辉历程、正反典型、禁令要求，以生动直观的形式发挥引导和警示作用。建立检察文化景观，形成浓厚文化氛围。在院中设置巨型"和谐检察"文化石，意在以和谐文化引领科学发展。一楼大厅瓷瓶刻有著名古训，引导检察人员培育忠诚信念，情为民所系，秉公用权，执法为民。设置玉石文化景观，以古代玉石的道德观照传统，提醒检察官要注重个人修养，践行君子之道，努力做人民满意的检察官。打造文化大厅、文化走廊等文化区域，通过悬挂诸如文化牌匾、检察格言等，营造与环境相协调的检察文化氛围，诠释廉洁文化理念。关键词文化牌成了贯通全楼的一道亮丽风景线，也成了一条文化丝带，潜移默化地发挥文化育人作用。

精心打造检察文化氛围。文化育检，创造浓厚的检察文化氛围是重要环节。院党组十分重视环境文化氛围的创设，积极开展各种有益文化活动，充分发挥环境育人、活动育人的积极作用。

在新建的庄严、典雅的检察大楼内，充分利用现有环境和自身条件，精心设计了检察文化走廊、检察文化大厅等文化阵地。在检察文化大厅内制作了《社会主义法治理念教育图片展》、《"五职"教育图片展》《干警硬笔书法展》、《中外法学名人名言榜》和《智慧人生格言录》；在检察文化走廊里各楼层、楼层缓台都挂有检察文化理念牌匾、名人格言；在一楼 LED 显示屏上陆续刊载在本院干警中征集到的干警自励小语；购买了花卉、盆景、树木对院区环境进行绿化和美化；制作了《检察官职业成长记录》，使干警精心规划自己的人生轨迹；对会议室、健身中心、球场、图书室、办公室都进行了文化点缀，院区环境无不充满鲜明浓厚的文化气息，创造了整洁美观、令人神清气爽的检察文化氛围，使干警在工作中受到美的熏陶，锻炼中享受美的体验。丰富多彩的文化活动点燃了干警"健康生活，快乐工作"的热情。知识竞赛、演讲赛、理论研讨会、艺体活动等既愉悦了干警的精神生活又增进了团队的内在和谐。当获得2006、2007年全市系统内乒乓球赛、篮球赛冠军和春节文艺汇演优胜奖，2008年全县机关（含县篮协）篮球赛冠军佳绩时，干警的脸上绽放出了灿烂的笑容和成功的喜悦。

为使检察文化深深扎根于检察这片沃土之中，还通过推进家庭文明和检察文化的双向互动，来增强干警和家属对检察文化的认同感，更多的文明家庭、优秀干警、廉贤内助涌现出来，文艺汇演排练场，干警、家属的合作深深感动着、激发着他们的工作热情。

编创检察歌曲激励干警。为鼓舞检察官的昂扬斗志，铸造职业品格，提升精神境界，检察长带领干警精心组织创作了《东辽检察官之歌》，又于恢复建院26年之际，组织创编了《反腐侦查员之歌》、《公诉人之歌》、《女检察官之歌》、《检察长之歌》、《再唱雷锋》等检察系列歌曲，唱响了东辽检察工作的主旋律，增强了广大干警的职业荣誉感和自豪感，激励了检察官的职业豪情。《反腐侦查员之歌》获得吉林省廉政歌曲征集活动创作优秀奖。《女检察官之歌》等两首歌曲被选送参加了2009年高检院女检察官协会征歌活动。

创办电子杂志搭建平台。2012年初，根据检察文化建设不断深入的实际，经院党组研究，并在全省检察系统率先开办了电子杂志《文化风景线》。并上挂检察专网，标志着该院文化建设紧随社会发展步入 E 时代。该杂志为双月刊，下设 9 个栏目，共 71 个页面。除发表干警创作和拍摄的书画摄影作品《艺苑彩虹》外，还有：旨在让读者领悟上级院有关文化建设和会议精神的《高层声音》栏目；有本院文化建设方面的工作安排《文化前沿》栏目；有反映本院文化建设内容的《信息快讯》栏目；有反映干警日常生活体验、工作感悟、所见所闻的《感悟人生》栏目；还有反映干警精神风貌、创作撰写的小说、散文、诗歌等文学作品《激扬文字》等栏目，图文并茂。截至目前已刊发 6 期。电子杂志《文化风景线》的开通，为提升全院干警工作素能、展示自我、表现自我搭建了平台，为检察文化对外交流拓宽了渠道，为激发干警工作热情注入了活力。

第四节　检察文化建设的探索

把检察文化融入检察工作的各个层面，使检察文化与检察工作有机结合，推进整体检察工作科学发展。

注重与队伍建设有机结合，发挥检察文化的渗透力。坚持把检察文化建设寓于检察思想政治工作、学习型创建和教育培训之中，发挥检察文化鼓舞人、激励人、塑造人、凝聚人的重要作用，切实把党的创新理论、社会主义法治理念、社会主义核心价值体系、政法干警核心价值观融会贯通于检察文化建设的全过程，渗透到检察人员日常工作生活的全过程，培育检察精神和忠诚信仰，使检察思想政治工作更加富有活力，教育培训、学习型建设更加卓有成效。被市委党校确定为学习型党组织建设教学科研基地。保持了 1984 年恢复建院以来无违纪、犯罪发生。近年来一大批骨干人才迅速成长起来，13 人参加并通过司法考试（通过率达 72%，居于全省领先水平），6 人分别被评为省级检察业务专家、业务尖子和办案能手，6 人走上副科以上领导岗位。

注重与科学管理有机结合，发挥检察文化的规范力。完善管理体系，靠创新的机制规范人，构成东辽检察文化的重要内容。2008 年 6 月，我院被确定为全国检察机关规范化建设管理机制试点单位。引入 ISO9000 先进管理理念和模式，全员参与，强化培训，规范推进。2011 年实现规范化与标准化高位对接，其内容贯穿廉洁从检精神、规范和机制，更好地体现了"执法规范化、队伍专业化、管理科学化、保障现代化"目标要求。编写并由中国检察出版社出版《ISO9000 族标准与人民检察院规范化管理》一书，对试点工作进行认真总结，被最高人民检察院选为培训指导用书，发挥了试点工作的示范作用。2009 年被确定为吉林省检察机关标准化建设试点院，2011 年成为吉林省检察机关标准化建设示范院。检察文化与现代管理交相辉映、相得益彰，队伍建设呈现了既有集中又有民主，既有统一意志又有个人心情舒畅、生动活泼的良好局面，有效推进了和谐检察建设，检察管理工作走在全省基层院前列。

注重与检察业务有机结合，发挥检察文化的推动力。围绕检察工作的中心任务开展检察文化建设，努力提升司法境界。全院干警在文化建设推动下焕发工作热情，增强进取意识，创新思维理念，走出了重打击、轻保护的误区，有罪推定、疑罪从有、疑罪从挂的误区，重配合轻监督的误区和重刑事、轻民事行政的误区，业务工作更加扎实深入。反贪、反渎、侦监、民行、政治处等部门先后被省院评为先进科室，立功受奖。组织编写并出版了《和谐检察之旅》和《和谐检察文汇》两部书稿，总结经验，推进工作，充分发挥了理论指导作用。

注重与服务社会有机结合，发挥检察文化的辐射力。重视发挥文化辐射作用，增强检察人员服务大局、服务社会、服务基层、服务群众的热情。通过"检察服务联络室"等载体，深入开展"四走进"、未成年人法治课堂、文明共建、"三帮扶"、核心价值观教育实践活动、乡村（社区）行、志愿者行动等活动，广泛传播检察文化、法治文化和检察精神。延伸触角，服务社会，使检察工作更加贴近基层、贴近群众、贴近生活，忠诚、公正、清廉、文明检察官的良好形象得以展示，赢得了县委及各领导班子的充分信任和广大人民群众的真诚支持。《检察日报》曾长篇登载事迹宣传，吉林卫视多次制作专题节目宣传我院事迹。

第五节　检察文化建设的体会

几年来，检察文化建设在实践与探索中得到的收获，得益于以下七个方面：

第一，上级院的正确领导，是把握好检察文化建设正确方向、有效推进检察文化建设的重要保证。无论是物资装备的投入，环境氛围的创设，还是工作思路的把握，上级院都给予了检察文化建设的大力支持和悉心指导，提供了巨大支持和鼓励。

第二，院党组的高度重视，全院干警的广泛、积极参与，是搞好检察文化建设的关键环节。自创建和打造文化育检品牌以来，党组就在此项工作中倾注了大量的精力，把文化建设与队伍建设、业务建设与信息化建设同部署、同检查、同验收。目标明确，思路清晰，行动自觉，成效显著。

第三，检察文化建设必须坚持以人为本原则，尊重人、关爱人，注重提升人的素质，促进人的全面发展。要体现和谐社会建设、和谐检察的要求，促进和谐机关建设。这样才能赢得广大干警的响应和支持，达到最广泛地参与、最大限度地认同，使检察文化保持旺盛的生命力。

第四，检察文化建设要体现司法和检察职业要求，实现法律思维特点，注重培育检察职业精神和干警对法律的忠诚与信仰。为达此目的，在开展检察文化建设过程中，要重视环境氛围创设，充分发挥检察文化的渗透功能，努力做到润物无声，知行合一。

第五，加强检察文化建设是提升干警队伍整体素质的重要途径。检察文化活动的广泛开展扩大了干警的参与性，增强了干警的创造力。很多成果就是干警素质能力提升的昭示。大到如工作思路的创新、文化理念体系的形成、院歌的创作，小到明信片、检察官职业成长记录、检察论坛专刊、干警自励小语、自创文艺节目以及连年工作业绩、篮球赛、乒乓球赛、文艺汇演四个第一的取得等。几年来全院 7 名班子成员撰写理论调研文章 50 余篇，其中在国家和省级发表 30 余篇，市级发表 20 余篇，全院干警在市以上刊物发表论文 90 余篇。2007 年在全省调研工作经验交流会上作了经验介绍。2008 年院领导论文获得省院理论研讨会二等奖。

第六，强化检察文化建设极大地促进了检察业务工作的开展。在开展检察文化建设过程中，以"合理合法、平等对待、及时高效、程序公正"为内容，牢固树立公平正义的理念，有效走出了"五个误区"：即"重打击、轻保护的误区"，"有罪即捕的误区"，"有罪推定、疑罪从有、疑罪从轻、疑罪从挂的误区"，"重配合轻监督的误区"，"重刑事轻民事、行政的误区"，工作实绩走在全市基层院前列。

第七，检察文化建设塑造了良好的检察官职业形象。文化育检增进了干警服务社会、服务基层、服务群众的热情，全院深入开展了"法治进校园、进企业、进社区、进乡村"的"四走进"活动，各项检察业务工作更加贴近基层、贴近群众、贴近生活，检察官的良好形象得以展示。在法治"四走进"的讲台上、京剧慰问国企职工的舞台下，干部群众给予阵阵掌声和喝彩声，展现了东辽检察官的靓丽风采。

第六节　检察文化建设理论体系

经过近 8 年实践探索、载体创设、理性提升，逐步构筑形成了具有东辽检察特色的科学的检察文化建设理论体系。造就了一支朝气蓬勃、奋发有为、敢于亮剑、维护正义的检察队伍，促进了和谐检察建设，推动了东辽检察工作的科学发展。

检察文化，主要是指一个检察团队在检察工作和法律监督实践中培育形成并共同遵守的基本理念、基本价值观、基本行为习惯等的总和。坚持以人为本，用先进的检察文化理念武装检察人员头脑，营造促进检察事业可持续发展的人文氛围，培育高素质、专业化、讲廉洁的检察队伍，推进基层检察工作科学发展，是加强检察文化建设的基本路径。把塑造东辽检察官崇高的职业理想、高尚的精神品格和良好的社会形象，创建人民满意的检察院，作为加强检察文化建设的奋斗目标。在这个定义、基本路径和奋斗目标基础上，遵循以人为本、实践先行、理念提升的原则，提炼出了体现东辽检察特色的文化建设体系。在职业使命方面，确定了"以规范的检察行为创造和谐的社会局面，以良好的职业操守赢得人民的真诚信任"的工作要求。在核心价值观方面，突出了"强化法律监督，维护公平正义，服务科学发展，促进社会和谐"的价值坐标。在职业道德（即检察官核心价值观）方面，强化了"忠诚、为民、公正、清廉"的"八字准则"。在思维理念方面，提出了四大理念构成的理念体系，即"以人为本、崇德尚法、廉洁从检、增进和谐"的检察基础理念，"素质兴检、文化育检、科技强检、管理促检"的和谐发展理念，"健康生活、快乐工作、风清气正、昂扬奋进"的生活工作理念，"坚守良知、执着信念、润物无声、砺志笃行"的职业道德建设理念。在建设模式方面，形成了"实践先行、理念引领、氛围营造、载体创设、歌声激励、内修外塑"的建设模式。在建设机制方面，实行了"党组主导、检察长主责、政治处主抓、部门主角、干警主体"的运行机制。在发展模式方面，概括出"党建统揽、文化引领、规范管理、理性司法、和谐建设、科学发展"的发展模式。提炼出"执着信念、务实奉献、理性文明、昂扬奋进"的东辽检察精神。这一整套体现东辽检察工作特色、较系统完善的文化建设框架体系，为推进全院以廉检文化为核心的检察文化建设和整体工作科学发展奠定了良好的思想理念和机制模式基础。

第十六章
规范化和标准化建设

2008 年 7 月，经省院考核，被高检院确定为全国第二批规范化管理机制试点院，依据国际质量管理标准 ISO19001 和高检院的《人民检察院规范化管理体系指导性标准》，以"四化"建设为目标，以过程控制为主要方法，对检察业务、检察队伍、检察事务进行规范化管理和控制，建立了符合本院工作实际的规范化管理体系，严格按体系要求实施运行。

2009 年 6 月，在规范化建设取得阶段性成果基础上，又被省院确定为吉林省检察机关标准化建设试点院。按照省院统一要求，确立了标准化建设的总体思路和基本框架。即：实行标准化与规范化对接，建立更加科学规范的标准化管理制度体系和运行机制。几年来试点工作的探索和实践，有力地推动了东辽县人民检察院的创新发展、和谐发展与科学发展，整体工作走在全省基层院前列。

第一节　规范化建设

2008 年 5 月，在通过吉林省检察院的推荐考核验收后，7 月，被最高人民检察院确定为第二批全国检察机关 20 家规范化建设试点基层院之一。以规范化建设探索建立检察机关管理机制对我院来说是一个全新的尝试，这既是机遇更是挑战。为此，院里成立了规范化建设工作领导小组，并在政治处设立了规范化建设工作办公室，具体负责规范化建设日常工作，结合东辽实际，制定出台了《东辽县人民检察院规范化建设实施方案》，7 月 17 日，召开了试点工作启动动员大会，省、市院有关领导到会并做了重要讲话。在这次会上院党组提出了"硬仗选我、战则必胜"的口号，全院上下迅速统一思想，投入到规范化建设工作之中。

2008 年 7 月 17 日至 8 月 19 日，是体系文件建立、编写、印制阶段。

院党组动员全院力量，结合省院提出的"四个体系"建设和东辽检察工作实际，集中时间、集中精力，全力投入到体系文件编写工作中，完成了近 90 万字体系文件的编写和印制。8 月 19 日，凝聚院领导、全院干警及专家心血和汗水的规范化建设体系 A 版文件成功发布，并正式转入体系试运行阶段。

在体系建立和运行期间，遵循最高人民检察院《人民检察院规范化管理体系指导性标准》和 ISO9000 族标准，坚持领导带头、全员参与、强化培训、过程控制等基本原则，按照体系规定进行了 5 次内部审核和 3 次管理评审，多次修改体系文件，持续改进管理。

2009 年，在相关专家老师的悉心指导下，结合高检院规范化管理体系指导性标准，由时任检察长的郭静波同志担任主编组织编写的《ISO9000 族标准与人民检察院规范化管理》一书，由中国检察出版社出版，共 6 章 25 节 30 万字。该书紧紧围绕检察机关规范化管理这个重心，体现了法律性、规范性和可操作性的特点，并立足于检察机关规范化管理，紧密结合东辽县人民检察院的试点工作实践，将 2008 版 ISO9001 标准逐条进行了解释与实施的检察化解读。该书在 2010 年 4 月高检院组织的规范化管理体系审核员培训班上，被选作唯一指导用书。试运行期间，还两次接受并顺利通过高检院现场审核验收，对规范化建设工作取得的成效，高检院审核组给予了充分肯定和高度评价。

探索将质量管理与传统管理、检察文化建设结合，建立符合检察工作规律和工作需要，体现本院特点的规范化管理体系，并得以有效实施。

一是通过学习、培训、实践，广大干警逐渐树立起科学管理、系统管理、过程管理、持续改进等质量管理理念，规范化管理意识不断增强。干警素质明显提高，执法水平和管理水平不断提升，重学习、勤钻研、精业务、懂管理、爱岗敬业的群体形象得以树立。

二是检察业务、检察队伍和事务管理进一步规范，实现了"四清"：即通过《职位说明书》的制定，干警岗位职责、权限更加清晰明确，实现了"职责清"；通过全院制定的质量目标，各部门进行层层细化分解，围绕目标开展工作，实现了"目标清"；通过对法律监督服务各项操作标准、操作规程的制定，为干警依法监督、规范监督、公正监督提供了可操作的依据，实现了"依据清"；通过过程控制，对完成的每一项法律监督服务工作建立和完善了相关记录证据，实现了"证实清"。

三是通过体系的正常运行和内外部审核，检察管理自我改进的制约机制逐步形成。事前预测和评估自身存在的不足及隐患，并及时、科学地制定纠正和预防措施，使检察工作更好地服务于社会、服务于人民。

四是科学的规范化长效机制正逐步形成，实现了"三个转化"，即从行政手段管理检务工作向按司法程序管理检务工作转化，从年终集中检查考评向日常监督持续改进转化，从检察长负责制向所有人员各司其职对各自分管工作的过程负责转化。

第二节　标准化建设

2009 年 6 月，在规范化建设取得阶段性成果的基础上，被吉林省检察院确定为四个体系建设标准化试点院，是全省检察机关 10 家试点院之一。院党组将规范化建设的组织机构延续到标准化建设之中，确定了标准化建设的总体思路。即实行规范化与标准化直接对接，参考《人民检察院规范化建设指导性标准》和省院四个体系建设基模，建立标准化管理体系，引入目标管理和绩效考核，保留规范化建设中的内部审核、管理评审的有效机制，进行创造性转化。在总体思路指导下，制定了《东辽县人民检察院标准化建设实施方案》。为确保试点工作取得实效，检察长、主管副检察长和业务骨干相继参加省院、市院组织的培训活动，邀请有关专家来院指导、培训，并多次组织全院干警集中培训，专门选派5名业务尖子到湖北宜昌参加高检院组织的审核员培训班。

2010年10月起，标准化建设工作进入体系文件建立阶段。在立足于原有规范化建设的基础上，根据最新颁布的《检察机关执法工作基本规范》，充分吸收借鉴省院标准化管理手册基模，进行创造性转化，进一步梳理了执法办案工作流程，有机整合了执法办案的法律规定、司法解释、业务规范以及纪律规定。整个体系涵盖了基层检察机关各个业务部门和各个工作环节的全部内容。经过近三年的试点工作探索和实践，形成了26万字的2011版《东辽县人民检察院标准化建设指导手册》。指导手册分《四个体系建设基本规范》和《职位说明书》两大部分，《四个体系建设基本规范》共四编、30章、140节；《职位说明书》明确了54个岗位的标准和权责范围，至此，具有东辽检察特色的标准化管理体系模式初步形成。2011年7月7日，正式颁布了《东辽县人民检察院关于标准化管理体系文件发布实施的决定》，这标志着东辽县人民检察院标准化建设体系正式投入运行。

第三节　标准化建设的探索

标准化管理机制，体现现代管理的原则精神。传统的管理模式对于发现问题、反馈问题、纠错改进，缺少有效的制衡机制，所以大量制度被制定出来后，往往处于虚设和闲置状态，不能在实践中有效运行。为改变制度的虚设和闲置状态，激活制度并有效运行，我院在目标管理、绩效管理、持续改进等方面作了更深入的探索和实践，建立常态化的发现、反馈、纠错机制，从而使管理工作形成闭合循环运行状态，有问题即会及时发现、及时反馈并及时解决。真正实现标准化建设建立的工作有标准，运行有程序（过程控制），纠错有机制，循环不间断，改进可持续的科学管理模式。

领导带头、全员参与是质量管理的重要原则，在检察管理中发挥着重要作用。领导重视，特别是检察长的决心和其强有力地推进，是确保标准化管理体系建立、实施和保持的关键。院党组把这项工作当作一项党组工程来抓，当作"强检兴院"的一件大事摆在突出位置，亲自参与文件编写，全程参与培训，严格按标准化要求履行职责，并为全院干警能够参与、实现标准化建设目标，营造和保持良好的内、外部环境。全员参与是标准化体系有效运行的重要保障。广大干警充分认识到了标准化建设对于检察工作的重大意义，积极主动地参与到体系建立和实施过程中，特别是各部门中层干部及骨干人员，在体系的建立和实施过程中充分发挥中坚力量，对改进管理极为重要。

以过程控制为核心，实现系统控制。标准化体系基础内容是以过程控制为基本方法，实现流程管理。在建立标准化管理体系文件过程中，特别是制定执法规范化文件过程中，对每一项业务工作流程做出规范，体现过程控制的管理方法，其他三个体系制度文件的内容也尽量将程序、标准性的描述写进管理办法中，增强操作性，避免使用呆板、僵化、不便于操作的条文式制度。通过对每一项工作进行过程控制、对每一部门的工作进行过程控制，进而控制每一个体系的过程，最终实现四个体系的系统控制，形成闭合的体系。

　　建立健全发现问题机制和纠错改进机制。标准化管理中最重要的环节就是制定的制度文件能够充分有效运行起来，发挥管理作用。建立文件部门不定期自查及专门机构定期审查，建立健全严密规范的审查控制程序。标准化管理办公室作为本院专门机构，除负责日常的监督、检查、指导标准化体系运行外，组织经过培训的骨干人员严格按法律规定标准和标准化文件标准审查，监督检查体系文件是否符合要求，各部门是否按照文件要求操作，是否存在影响体系正常运行的问题等。在检查中严格依照标准，采取随机抽样和交叉方式，对全院各部门开展现场审核。坚持"找出问题，找准问题，多找问题，适时改进"的指导思想，对照标准化文件逐条审核，查资料，看案卷，核对相关文件、相关文书。通过审核发现问题，制定纠正措施，分析产生问题的原因，举一反三，杜绝此类问题不再发生。

　　引入规范化管理体系管理评审的科学评价机制，进行科学决策。制度体系能否实现持续改进，关键还要看领导的科学决策。领导的科学决策来源于数据分析、人民满意度的测评结果以及影响体系运行的其他因素，各方面的信息汇总到一起，需要经过充分的系统的分析和判断，才能证明体系运行的实际效果。为实现持续改进的目的，每年末，检察长组织召开管理评审会议，评价标准化管理体系是否充分、是否有效。会前策划清晰、筹备严谨、准备充分，确定开诚布公反映问题、有针对性地提出改进建议的主导思想，在评审会上各部门充分解放思想，有理有据地提出问题，分析问题。针对问题，各部门在充分讨论的基础上，检察长做出决定，重大问题经院党组研究作出决策。检察长最终对体系的适宜性、充分性和有效性做出结论，实现体系的持续改进。

第四节　标准化建设的体会

标准化管理机制建设是检察机关实现执法规范化、队伍专业化、管理科学化、保障现代化的有效载体，是管理科学化的重要手段，与各项检察工作相结合，实现同步管理，同步运行，相互促进，才能达到科学管理的目的，才能促进检察工作科学发展。

与案件管理系统软件相结合，同步运行。实行标准化管理，目的是为了避免"两层皮"和重复工作现象的发生。全院各业务部门紧密结合案件管理软件系统，充分利用案件管理成熟的经验作法，努力实现同步运行：一是在编写体系文件的过程中，将案管软件系统要求并且能够做得到的内容都写进规范化体系文件中；二是将案件信息按体系操作文件要求录入到案件管理系统，一律履行网上审批程序，生成规范的法律文书；三是按体系文件要求制作的法律文书，自制文书模版，实现案管软件控制。

与检察文化建设相结合，"两个建设一起抓"。对检察工作实行科学管理，要体现和逐步形成科学先进的检察管理文化，逐步上升到主体文化自觉的高度。要在重视传统制度管理的基础上引入文化管理的理念、方法，发展检察文化，发挥其传导、渗透、辐射功能。大力实施文化育检方略，通过实践探索，逐步形成了实践先行、理念引领、氛围营造、载体搭建、精神激励的文化育检模式，注重了文化管理与制度管理的有效结合，弥补了传统制度管理的僵硬性，发挥了整合优势，彰显了管理实效，推进了科学发展。把检察文化中的物质文化（即工作环境、人员待遇等）、行为文化（即行为规范、职业道德、习惯养成等）、制度文化（即各项规章管理办法等）、精神文化（即体现法治、检察的各种作品等）和标准化建设紧密结合起来，融为一体，"两个建设"一起抓，用检察文化建设推动标准化建设，通过标准化建设体系的运行和不断持续改进，形成规范管理理念，丰富了检察文化内涵。

与考核工作相结合，引入目标管理和绩效考核。以往的考核往往只注重结果考核，而实行标准化管理是以过程控制为主，但日常的规范行为和过程并没有纳入到考评中，影响了干警参与标准化管理的积极性。在考核工作中引入目标管理和绩效考评机制，坚持科学合理、以人为本的原则，建立《目标管理工作办法》和《绩效考核实施细则》。建立目标管理体系，把总目标的设定重点放在人民群众对检察工作的满意程度、检察机关为大局服务的水平、执法办案的质量、检察人员的职业素质及单位整体业绩水平上，从全院到部门，层层设定工作目标，建立工作目标责任制。在绩效考核上，突出重点，既注重结果考核，又注重过程控制，该考核细则按四个体系的要求分为四部分，每一部分又分为基础评价分项和加减分项，基础评价分主要注重考核过程，加减分主要注重考核结果。这样统筹兼顾，重点明确考核的范围、原则、组织、方法，对问题的沟通和反馈，注重结果的运用，明确奖惩，针对考核的问题，进行分析，对整个体系进行修改、完善。以此作为表彰奖励和任用奖惩干部的依据之一，全面提升检察综合管理水平。

与"四化"建设相结合，实现科学管理。高检院提出"执法规范化，队伍专业化，管理科学化，保障现代化"的"四化"建设目标，目的使检察机关工作有目标、干事有标准、办事有程序，奖惩有依据，努力打造职能配置科学、岗位职责明确、基础保障有力、工作作风扎实、实体处理正确、办事程序规范、履行职责到位、社会反映良好的检察院，这与标准化管理机制建设目标是相一致的。标准化管理机制是实现"四化"目标的有效载体和重要手段。标准化管理体系文件包涵着四化建设的全部内容，这一体系依托国际质量管理理论和管理方法，将"四化"建设各个环节、因素充分调动和有效运行起来，实现检察管理的科学化、规范化。标准化管理体系因"四化"明确的任务和目标要求，加速了整个体系在检察工作中的整合进度，与时俱进，促进了标准化管理工作健康、协调、可持续发展。

规范化和标准化建设的探索和实践，有力地推进了东辽县人民检察院的创新发展、和谐发展与科学发展，整体工作走在全省基层院前列。2008 和 2010 年，两次获得全省"十佳基层检察院"称号，2009 年初被评为"全国先进基层检察院"。

第十七章
监所检察

第一节　职责权利范围

监所检察是检察机关的重要职能之一，是国家法律赋予的对监管改造场所实行检察的职权。根据《刑事诉讼法》规定，人民检察机关对执行机关刑罚执行情况的监督，由监所检察部门承担。其职责权利范围是：刑罚执行监督、监管活动监督、监管改造场所干警职务犯罪监督。

刑罚监督是指人民检察院对已发生法律效力的刑事判决、裁定的执行情况实行的监督。发生法律效力的刑事判决、裁定是指已过法定期限而未提起上诉、抗诉的一审刑事判决、裁定；终审的刑事判决、裁定；最高人民法院核准、授权高级人民法院核准的死刑立即执行判决、死刑缓期二年执行的判决。

监管活动监督是指人民检察院依法对监管改造场所收押、监管、改造（教育）、释放被监管人的活动是否合法实行的监督。监管场所是指依法收押、监禁（看管）、改造（矫正）被监管人的场所。

人民检察院对监管改造场所工作人员执法、执行公务过程中履行职务是否合法的监督，主要体现在依法查办监管干警职务犯罪案件上。根据最高人民检察院的规定，监所检察部门立案侦查的案件只限于虐待被监管人案、私放在押人员案、失职致使在押人员脱逃案、徇私舞弊减刑假释暂予监外执行案等。需要批捕、起诉的，分别移送审查批捕、审查起诉部门办理。

第二节　监所检察

1984-1986 年，监所检察始终依法履行刑罚执行和监管活动的监督职责，积极查办和预防监管场所职务犯罪，打击各类犯罪。始终坚持以维护监管场所稳定，促进公正执法、文明监管和保障被监管人合法权益工作为重点，保证监所检察依法履行刑罚执行和监管活动的正确实施。在东辽县没有看守所的情况下，认真贯彻落实上级院的工作部署，积极开展监所检察工作，对县属在押人犯、劳改劳教人员进行检察监督，促其交代余罪，认罪服法，打击牢头狱霸。对重新犯罪的罪犯依法予以严惩。3 年来，办结了监所案件 3 件 4 人，全部予以起诉。同时，对全县的 60 余名监外执行、保外就医、假释等罪犯进行了考察，协同有关部门对他们予以监督改造。

1987-1989 年，努力克服困难，积极开展监所检察业务，认真查处被告及犯人家属中的申诉案件。1988 年，共受理并查处了 3 件申诉案件；对 32 名监外"五种人"（即被判处管制、剥夺政治权利、缓刑、监外执行和假释犯）进行了全面考查，与当地有关部门建立了监管组织，制定了监管措施，避免了这些人重新犯罪；认真履行职责，积极开展了对人犯的羁押期和办案审限的监督活动。坚持每周六到看守所核对、清点人犯名数，掌握县属在押人犯的移送、移交动态，并对超羁押时限，审限问题进行监督，搜集人犯的思想动态，保障人犯的合法权限。对全县被判处管制、缓刑、和监外执行、假释的罪犯和"两劳"释放人员进行了普查，建立了监管组织，落实了帮扶措施，避免和减少了这类人员重新犯罪。定期检查关押场所，查处在关押场所继续犯罪的罪犯，加强对罪犯的监管和改造。开展对人犯羁押期限和办案审限的监督，维护罪犯的合法权益，促使罪犯认罪服法，悔过自新。3 年来，共查处犯罪案件 3 件 3 人，对 103 名"两劳"释放、判处管制、缓刑和假释等人员进行了走访，建立了帮教组织，落实了帮教措施，减少和防止了这些人员重新犯罪。

1990~1992 年，继续把对监管改造场所执行法律情况的监督摆在监所检察工作的首位。坚持对全县范围内监外执行刑罚的五种罪犯（管制、缓刑、剥夺政治权利、假释、暂予监外执行）建立监管档案，落实监管组织和监管措施，进行跟踪考查，考查面达 97%，促进他们弃恶从善，悔过自新；会同市检察院驻看守所检察室对羁押场所进行定期检查、驻所检查，防止在押人犯继续犯罪；为配合"严打"、"两反"斗争，在看守所开展政治攻势，促使一批犯罪分子坦白交代余罪并检举揭发同案犯，从而破获了一批案件；加强对在押犯羁押期限的监督，督促有关部门解决久押不决、以押代侦的问题；积极开展对劳教卷宗的审查工作，进一步发挥监所检察的职能作用。

2002~2006 年，我院积极协调公安机关和司法行政机关，采取有力措施，进一步加强了对被管制、剥夺政治权利、缓刑、假释、暂予监外执行罪犯的监督管理和矫正工作，取得了一定成效。从实际情况看，监外犯罪"脱漏管"问题带有一定的普遍性。5 年间，全县辖区内正在执行监管的监外执行罪犯共计 159 人，其中判处缓刑 129 人，占 81%；管制 17 人，占 10.6%；假释 6 人，占 3.7%；暂予监外执行 7 人，占 4.4%。在 159 名监外执行罪犯中，脱管为 34 人，占 21.3%。鉴于司法实践中在监外执行刑罚监管脱管的诸多问题，我院积极主动请示县委政法委，协调公、检、法、司法执法机关，建立了联席制度。对监外执行罪犯的监管各负其责，协调配合，充分发挥检察职能作用，加强检察机关监管机制建设。及时向法院、公安机关发出口头、书面检察建议，加强对监外执行罪犯的检察监督工作，落实监管组织，落实监管措施，建立健全监外执行罪犯档案、台账和分账，将辖区内监外执行罪犯纳入监管范围，定期考核检查。通过检查督促执行机关，解决对监外罪犯监督管理矫正不力的问题。进一步核查监外罪犯底数及脱管漏管情况；进一步督促纠正监外罪犯脱管漏管现象；进一步建立健全监外执行检察制度，规范和强化监外执行检察活动；进一步促进监外执行监督考察措施，保证国家刑罚的正确执行。

2009-2011 年，紧紧围绕"深入推进社会矛盾化解，社会管理创新，公正廉洁执法"三项重点工作，在充分履行法律监督职责，维护公平正义的司法实践中，积极探索社区矫正工作新途径，完善制度建设，实施规范化管理，形成了一套卓有成效的监督社区矫正工作机制，打造了监所检察工作新局面。两年来，辖区内社区矫正对象121人无一人脱管漏管、无一人重新违法犯罪，没有发生监外执行罪犯脱管、漏管现象，在保障社区服刑人员合法权益，预防矫正对象重新违法犯罪，维护辖区社会和谐稳定等方面做出了积极贡献。

把强化法律监督，作为一项实绩工程来抓，着重加强制度建设，不断提高规范化水平。院里专门成立了社区矫正工作领导小组，制定了各项工作制度。在实践工作中，形成了一把手负总责，主管领导负全责，相关科室尽其责的有效工作机制。积极协调各相关单位，把社区矫正工作网络化，确保上下联动。主动与县公安局、县法院、县司法局进行工作联系和协调，就做好全县监外罪犯考察和社区矫正工作进行了研究和安排。深入到 6 个公安派出所摸查监外罪犯执行情况；与公诉部门核查法律文书、与县法院刑事庭沟通，获取必需的司法文书，摸清全县监外执行人员的分布情况；利用列席司法局会议的便利条件，依托本院检察服务联络室，对 13 个乡镇的司法所开展社区矫正工作进行了初步了解，认真摸清监外罪犯执行刑罚情况，为主动参与社区矫正工作打下了有利的基础。

认真摸查监外罪犯执行刑罚情况，强化考察制度，做好监督工作。2009 年至今，在司法部门的支持、配合下，每年对全县百余名社区矫正人员都进行一次全面考察，做到了与管理单位、监管小组、罪犯及家属"四见面"，掌握了监外执行刑罚的犯罪人员在社会监管改造情况。在考察过程中，通过查阅司法所建立的监外服刑人员档案，看法院、监狱、看守所认定的犯罪事实以及判决、裁定、交付执行、变更是否正确、合法，凡是新接到的监外执行通知，县院立即派员前往或者电话联系当地负责监管执行的部门，看其是否同样接到执行通知，被监管对象是否向其报到，实施有效监控，防止流失。对矫正对象采取切实可行的监督管理办法，定期听取矫正对象的思想汇报和接受改造的情况，定期组织法律知识学习，定期组织公益劳动，不断增强他们的公德意识。如：渭津镇以敬老院和公共场所为基地，坚持每月组织符合劳动条件的矫正对象参加至少 12 小时的公益劳动，并填写监管考察记录，促使矫正对象能够顺利回到社会中去。建立和完善矫正工作上的宣告、衔接、奖惩、解除矫正等各个环节的工作制度，规范工作流程、文书格式、报到汇报、法制学习、档案管理、学习培训等制度，每个矫正对象都有独立的矫正方案。对社区矫正对象采取认真听取社会意见与受矫正对象正面接触相结合的办法，对每个矫正对象建立了由其亲属、居住地的有关人员参加的监管小组，协助做好矫正工作，使受矫正对象接纳、理解和加深对社区矫正工作的理解和认同。

选择受矫正人员较多的白泉镇、渭津镇作为重点，并与司法所建立了联系点，坚持在监督中做好服务工作，在服务中搞好法律监督，使社区矫正工作收到良好的法律效果和社会效果。通过《检察建议》督促有关部门做好监管工作，防止罪犯出现脱管、漏管。充分了解罪犯生活中的实际困难，并切实帮助解决。主动与市院监所处、县司法部门配合，到县招商引资企业——耘垦牧业，与企业领导见面、交流，建成了以企业为依托，检察、司法各自行使职能的社区矫正人员安置基地，解决被矫正人员的实际困难，让他们安心接受社区矫正。对有"前科"的人员能做到人格上尊重，地位上平等。该企业负责人表示：社区矫正人员，只要符合年龄和健康要求，本人自愿，企业就可以安置。

切实帮助监管组织研究监管改造罪犯的具体措施，帮助解决罪犯生活上的实际困难。正在监外执行的渭津镇福录村 1 组村民张贵强，因涉嫌故意伤害罪，于 2006 年 7 月 12 日被判刑。2007 年 2 月 7 日因患病被暂予监外执行。张贵强与父母共同生活，监外执行期间其父病逝，只有年迈的母亲相依为命，生活困难。市、县两级监所部门以及渭津司法所的同志到张贵强家调查了解情况，留下 200 元钱以解燃眉之急，同时与民政部门协调，为其办理了社会低保，并鼓励其接受监督改造，早日回归社会。张贵强深受感动，表示："政府和社会对我这么好，关心我，我一定好好改造，早日解除矫正。"

监外执行罪犯的监督改造，直接关系到社会的和谐与稳定。因此，社区矫正监督工作不但要从程序上做起，更要在具体的工作中加以落实。从而体现在管理中监督，进一步促进办理减刑、解除管制、恢复政治权利等法定程序的公正有序进行。与此同时，维护社区服刑人员合法权益的工作得到了更好的开展。渭津镇矫正对象赵有富，是 2009 年 5 月 4 日"有富洗浴中心"锅炉爆炸的责任人。由于对死伤人员积极赔偿，认罪服法，被法院判处缓刑。交付执行后，赵有富仍不理解，认为自己已经做出赔偿，仍然被判刑，心里有抵触情绪。经过矫正人员从情到理、从理到法耐心细致的教育，使赵有富终于有了明确的认识，表示愿意接受矫正。为了让他重新鼓起生活的勇气，监所部门和司法部门一同协调工商、质检、供电等部门，在确保安全的前提下，批准他重新开起浴池。赵有富为了回报因锅炉爆炸对周围群众的伤害，对受到伤害的群众一律免收洗浴费。在参与社区矫正开展监督工作中，注意社会各界的反映，耐心听取各种意见和建议，激发了参与社区矫正工作的热情。

2012-2013年，在院党组高度重视下，成立了以主管副检察长为组长的监外执行罪犯考察领导小组，主动与政法委、法院、公安、司法等部门进行工作沟通，并于2012年5月末至10月末，在公安、司法部门的配合下，完成了对监外执行罪犯的两次考察。为确保考察工作的顺利进行，按规定制作监外执行检察分账和监外执行情况检察台账，达到了考察的预期目的。全县现有监外执行罪犯205人，其中宣告缓刑170人，判处管制12人，假释13人，暂予监外执行7人；剥夺政治权利3人；男性罪犯133人，女性罪犯15人；未成年罪犯1人。

2014年，在保留白泉镇、渭津镇社区矫正联系点的同时，对其他11个乡镇司法所的社区矫正工作普遍进行了解，全面掌握社区矫正情况。在司法部门的支持、配合下，宣传检察职能，主动参与社会管理创新。对157名缓刑、假释等罪犯的社区矫正活动加强监督，帮助其顺利回归社会。继续以耘垦牧业有限公司和兴盛玻璃钢保温材料厂为依托，切实帮助解决社区矫正人员的实际困难，保障他们的权益；与司法部门联合，在县职业高中，开办了服装、机械加工等学习班，免费为被矫正人员提供技能培训；与司法部门配合，走访重点人员，确保无进京上访事件发生，为维护社会稳定做出了积极努力。

第十八章

派驻检察

1988 年，根据国务院、省委、省政府以及上级院的部署，与税务局共同筹划建立了税务检察室，并派驻了两名政治素质好的业务骨干。在打击经济犯罪斗争中，积极开展了打击偷税、抗税的专项斗争，保障国家税收法规的实施。在税务部门的密切配合下，税务检察室主动出击，查处了偷税、抗税案件 4 件 4 人，追回税款和罚没款达 4.2 万元，维护了税收秩序，严肃了国家税收法规。

1989 年，积极开展税务检察室工作，开展专项斗争。根据偷税、抗税情况严重的实际，在税务局的配合下，积极开展了打击偷税、抗税的专项斗争。共立案查处偷税、漏税和抗税案件 6 件 7 人，为国家挽回经济损失 11.9 万元，维护了国家税收秩序，严肃了国家税法，打击了犯罪分子的嚣张气焰。

1990-1992 年，为了更好适应反贪污贿赂斗争的需要，延伸检察机关在各个领域的触角，拓宽视野，使打击经济犯罪的组织系统网络化，继成立税务检察室之后，相继在县供销社、农业银行、审计局、工商银行等系统和渭津、金岗两镇组建了检察室，派驻检察干警专职该单位的涉检工作，直接受理群众举报，使"抓系统、系统抓"这一行之有效的经验得到更进一步发展。为了充分发挥派驻检察室的作用，狠抓了检察室的建设。选派政治、业务素质较高，有独立操作业务能力的检察员到检察室主持业务工作。加强检察室人员的业务培训。针对各系统充实到检察室的人员虽是本行业的行家里手，但经济检察业务比较生疏的实际，每季度组织检察室人员进行一次业务学习，使他们初步掌握办案所需要的《刑法》、《刑诉法》知识以及实际办案技能。根据检察室由系统和院双重领导的实际，制定实施了《东辽县人民检察院派驻检察室工作细则》，建立健全规章制度，使检察室人员有章可循，在双重领导下严格依法办案。3 年间，7 个检察室办案数量占全部经济案件的 52%，共审查案件线索 117 件，立案 74 件 80 人，挽回直接经济损失 146 万元。

1996 年，为了加强打击农村经济犯罪案件的检察工作，根据省、市院领导的指示和省院驻农业厅检察室吉农检发〔1996〕1 号文件精神，8 月 20 日，我院决定恢复驻县农业局检察室。恢复后的检察室设在县农业局经营管理总站，实行"一套机构两块牌子、合署办公"制度，不单设机构，不增加编制。检察室接受上级农业检察室、县检察院和农业局领导。由县检察院负责考核、任免、培训。考虑县内假种子案件较多的实际情况，建议县种子公司派员参加，恢复后的农业检察室暂由 7 人组成。

同年，为进一步严肃税法，有效地打击偷税、抗税行为，经请示市院党组同意，3 月 28 日，成立了东辽县人民检察院地方税务检察室。办公地点设在东辽县地税局，组建人员、编制在县地税局内选定。检察室由 3 人组成。

1997 年，根据高检院"发展乡镇检察室"的指示精神，经院党组研究并请示省、市院同意，于 5 月 20 日发文，设立东辽县人民检察院驻白泉镇检察室。编制 4 人，我院派 1 人，其余 3 人在镇纪委和经管站内部调配，不再另增加编制。职能是：在我院领导下，受理全镇范围内的贪污、挪用农村集体经济、组织集体资金的犯罪案件；查处侵犯农民合法权益构成的犯罪案件；查处全镇范围内发生的贪污、贿赂及挪用农业救灾抢险、防汛、优抚款物等犯罪案件。受理全镇干部职工及群众举报、控告的经济案件，完成检察长交办的案件。同时，协助有关部门做好经济犯罪的预防和社会治安综合治理工作，为白泉镇和开发区社会稳定保驾护航。

1998-2002 年，积极开展打击偷税、抗税的斗争，维护国家财税收入。3 年共查处偷税、抗税案件 12 件 15 人，为国家追回税款 37.8 万余元，打击了偷税、抗税犯罪分子，维护了税收秩序，严肃了国家的税法。

2009 年以来，着眼全局、精心谋划、率先实现"检察服务联络室"全覆盖。在 13 个乡镇和 7 个社区设立了"检察服务联络室"，选派了 40 名检察服务联络员承担"检察服务联络室"工作。科学选择设置部门。乡镇司法所处于社区矫正、调处邻里纠纷和化解社会矛盾的重要前沿，是维护社会稳定的一线哨所，把"检察服务联络室"工作地点设在司法所，有利于开展"检察服务联络室"各项工作。合理搭配联络人员。"检察服务联络室"工作性质特殊，涉及面广，工作要求高，服务内容多，而干警来自不同部门，职务、经历各有不同，为平衡开展工作，采取了打破科室界限的办法搭配联络人员，从工作经验上考虑，实行了以老带新；从检察业务服务上考虑，进行了科室人员交叉；从工作安全上考虑，采取了男女搭配。经党组会议研究，召开了"检察服务联络室"工作启动会议。制定了"检察服务联络室"工作实施方案，检察院联络人员与 13 个乡镇主管综合治理的领导和司法所长及 7 个社区主任进行了面对面的对接，检察院和司法局的领导分别对"检察服务联络室"的具体工作提出了要求。为了进一步方便乡（镇）村、社区群众了解检察服务联络室工作，及时联系工作人员并反映利益诉求，我院精心设计了"检察服务联络室"工作提示板，向广大群众告知了联络员和工作人员姓名及电话号码。

注重宣传，扩大了职责、职权宣传面。针对乡（镇）村、社区群众对人民检察院的职权和职能部门的主要职责了解少的实际，狠抓了人民检察院的职权和职能部门的主要职责的宣传工作。各"检察服务联络室"把"人民检察院践行职能服务社会联系卡"发放到村干部、党团员、农工商大户、教师手中，宣传人民检察院的职权和职能部门的主要职责，扩大了检察机关的职权和职能的知识面，拉近了检察机关与乡（镇）村、社区群众的距离。据统计，各"检察服务联络室"对全县 234 个行政村的 277 名两委（支委和村委）和 7 个社区负责人及 147 个村小学校负责人发放了"人民检察院践行职能服务社会联系卡"。做到了发放面广、覆盖面大、宣传面宽。例如：安恕镇"检察服务联络室"向 19 个行政村的 22 名两委负责人和 9 个村小学校负责人发放了"人民检察院践行职能服务社会联系卡"。

注重预防、扩大了预防、警示教育面。为了减少乡（镇）村、社区党员干部职务犯罪的发生，深入开展了预防职务犯罪到乡（镇）村、社区中活动，对全县 32 个省、市、县三级新农村建设示范点普遍开展警示教育活动。为全县 12 个新农村建设示范点的村干部、党团员上了预防职务犯罪警示教育课，宣传法律法规和正反案例。安恕镇"检察服务联络室"为安恕镇的曲家、黄羊、杏山、乌龙等村的干部群众讲了警示教育课。结合预防警示教育工作的开展，给乡（镇）村和社区人员发放预防职务犯罪联系卡 100 余张，开通了两部工作人员个人的免费咨询电话，从 6 个方面服务乡（镇）村和社区干部群众。免费咨询电话开通以来，先后有几十人次打来电话咨询各类相关问题。

注重化解，扩大了调处、维稳参与面。结合检察职能，把检察环节化解社会矛盾，维护社会稳定的关口前移，力争做到化解突出矛盾到家中。据不完全统计，自成立"检察服务联络室"以来，共参与化解社会突出矛盾 9 起。

注重规范，扩大了信息、情况掌握面。为了使"检察服务联络室"工作有章可循，有序进行，我院制作了五张"检察服务联络室"工作记录表，即："检察服务联络室宣讲法律知识记录"、"检察服务对象反映问题记录"、"解决检察服务对象反映问题记录"、"联络室服务经济发展记录"、"社会监督意见表"。为有效推进"检察服务联络室"工作发挥了应有作用。

注重矫正，加大了震慑、预防掌控面。进一步加大了对辖区内社区服刑的"五类"人员（即被判处管制的、被判处剥夺政治权利的、被判处缓刑的、被裁定假释的、被批准或决定暂予监外执行的）的矫正监督力度。经过调查摸底，按户籍管辖统计，东辽县辖区内现有社区服刑的"五类"人员121人，分布在13个乡镇和个别社区。共有6个派出所对其监管，13个司法所对其开展社区矫正工作。监所部门会同"检察服务联络室"联络人员在派出所、司法所人员的协助下，开展了与社区服刑的"五类"人员及其家属见面谈话教育活动。宣传法律法规和监管、矫正规定，增强这"五类"人员的守法改造意识，促使被监管、矫正人员增强接受监督意识，有效地预防了重新犯罪，维护了社会和谐稳定。注重参与，防范了资金风险。对乡（镇）村、社区，特别是新农村工程项目和各类投资进行及时提醒，防范资金风险和职务犯罪。如：渭津镇宫家村新的村"两委"产生后，工作积极性很高，拟修建一座32延长米的桥梁，交通局每延长米拨款7000元，其余部分自筹。检察服务联络员对村干部进行了及时谈话提醒，要求按有关规定进行招投标并使用资金。为了服务经济建设，为全县各新农村发放《华西之路》影碟，供新农村干部和群众学习、借鉴之用。

着眼完善，扩大了监督、预防工作面。进一步完善社区矫正联动机制，在县经济开发区设立了检察工作服务站。发挥公检法司、监所（监狱、看守所）的协作功能，加大对监外执行"五类"人员交付环节的监督，监督法院、监所（监狱、看守所）交付执行环节，逐步达到既交文书又交罪犯（人），有效地防止脱管、漏管和监外执行"五类"罪犯重新犯罪，进一步维护社会稳定。完善刑事和解与人民调解的衔接配合机制。在办理轻微刑事案件和未成年人刑事案件时，能适用刑事和解的尽可能的适用刑事和解。同时，逐步达到刑事和解案件的"四无"，即：无犯罪人回归社会后重新犯罪；无因对刑事和解不服而与被害人再次发生冲突；无被害人因权益保护不到位而进行刑事自诉；无因对刑事和解不服而进行申诉、上访。在侦查监督环节，对轻微刑事案件实行和解不批捕。为正确适用和解不批捕，我院严格把握案件范围和条件，以化解社会矛盾为根本出发点，对符合条件的轻微刑事案件进行刑事和解工作，和解成功的，依法做出无逮捕必要或不批捕决定。综合考虑前提是可能判处3年以下有期徒刑、拘役、管制或单处罚金，有和解可能性和轻缓处罚可能性的案件，重点是特殊主体。2010年办理和促成刑事和解案件3件，依法对涉嫌犯罪的4名犯罪嫌疑人做出无逮捕必要或不予批准逮捕决定。

2014年，根据上级院的意见，结合东辽县和本院的实际，经请示县委和市院，派出机构均予以撤销。

第十九章

中共组织

中共东辽县检察院党的组织组建以来，紧紧围绕党的中心工作和检察机关中心任务，大力加强机关党的思想、组织和作风建设，充分发挥党组织的战斗堡垒作用和党员的先锋模范作用，保证党组织对执法办案等业务工作实行有效领导，党组织不断发展壮大，为推动检察事业的发展提供了强大的组织保障。

1984年，县院恢复组建后，党组织狠抓了干警队伍的自身建设，使全院干警的政治素质和业务素质得到不断提高，从而保证了检察工作的全面开展。为了使全院干警的思想和工作适应当前开展严厉打击刑事犯罪活动斗争的需要，在县委的统一领导下，通过抓政治学习，不断提高干警的政治思想觉悟和政策水平。组织全院干警认真学习了党的十一届三中全会以来的路线、方针、政策，使干警真正在政治上同党中央保持一致，并且还学习了上级关于经济改革、彻底否定文化大革命、整顿党组织等方面的一系列文件、指示精神。通过学习，干警们充分认识到，检察机关在执行党的各项方针、政策中必须是坚定不移的，在当前经济改革中，不但要做好检察工作，稳准狠地开展严厉打击各种严重刑事犯罪和经济犯罪活动，而且还要模范地遵守党的纪律、法律和法令，做一名合格的共产党员。通过学习上级的"通报"，严格对照检查本身存在着的毛病和问题，针对部分同志感到在检察院工作穿上检察服有一种自豪感和荣誉感的实际，适时开展了明确职责，全心全意为人民服务的教育活动，教育和引导干警，牢固树立"尽职尽责，无愧于检察干部光荣称号"的思想。

1988年，以提高干警两个素质为目标，全面加强党员队伍建设，新时期的检察事业迫切要求检察干警不断提高政治素质和业务素质，尤其是党员干警。院党支部从抓管理入手，积极提高干警的两个素质，努力抓好党员队伍的自身建设。

提高党员干警政治素质，在政治上同党中央保持一致。在全院干警中认真贯彻党的十三大、七届人大、三中全会和中央工作会议精神，深入学习党的十三大报告，特别是关于社会主义初级阶段理论的论述。使党员干警更新了观念，对党的现行方针、政策有了进一步的认识，深刻地感觉到社会主义祖国的出路就在于改革，对于改革中的失误及其带来的社会现象表示理解，在政治上做到了同党中央保持一致。在党员干警中，结合开展向模范检察长周公义学习的活动，狠抓为警清廉教育和《吉林省检察机关工作人员守则》的贯彻落实，通过开展学习教育活动，发挥了政治思想教育工作的优势，提高了干警的政治思想觉悟，激发了干警的政治热情，在各项检察工作中，都能够按《守则》的要求履行职业责任，遵守职业纪律、恪守职业道德，基本上做到了一身正气，两袖清风，刚正不阿，秉公执法，艰苦奋斗，安心检察工作。出现了依法办案拒收贿赂、追捕罪犯不畏艰险、带病坚持工作、连续几年有假不休、外出办案名山胜地近在咫尺也不游览和昼夜兼程抓紧办案的优秀干警和先进事迹。在开展打击偷税、抗税的专项斗争中、2 名党员干警被评为全省先进工作者，在打击刑事犯罪的专项斗争中，我院被市委、市政府命名为先进集体，有 18 名干警被评为市、县先进工作者。

提高党员干警的业务素质，保证检察业务的顺利开展。在提高干警的业务素质方面，党组织首先从长远考虑积极组织鼓励干警进电大学习，系统学习法学理论。现在电大学习的 6 名学员考试成绩全部及格，并出现 90 分以上的高分，对已经取得法律大专文凭的 13 名干警，也积极引导他们结合实际办案，进行了再学习。在办案中发挥骨干作用，对未进电大学习的干警，组织他们参加省院举办的短期培训班；学习《法学基本理论》、《刑法学》、《刑事诉讼法学》3 本书，在院内开展争当"办案能手"、"优秀公诉人"活动，组织观摩庭，进行业务考核，以提高干警的实际办案能力。

1998 年，按照县直机关党工委的要求，院党支部开展了"创建标准化党支部"活动。进一步完善和制定了"定期向支部党员大会报告工作制度"、"预备党员教育考察制度"、"两先一优活动制度"、"党课教育制度"、"党员学习制度"、"支部委员会例会制度"、"党小组会制度"、"支委民主生活会制度"、"党员考评鉴定制度"和"非党积极分子培养考察制度"10 项规章制度。

2000 年，院党支部围绕工作大局和检察业务工作，以"建塑工程"和争创"五好两满意"活动为载体，以高素质专业化检察队伍为目标，通过阵地建设创建标准化党支部，扎扎实实地开展了党建工作，促进了各项检察工作的顺利完成。积极开展"建文明机关，塑公仆形象"活动。为贫困户集资 1000 余元、捐送种子 500 斤、化肥 2000 斤、捐衣物 200 余件、为特困生捐款 2200 元、党员干部义务普法宣传 160 余人次。院党组多方筹措资金 2 万元，为机关党支部配备了文化体育设施和活动场所。机关党建工作有成效的开展，促进了检察事业的健康发展。

2001 年，院党员已达到 43 人，占干警总数的 68%，党的积极分子达到 19 人，占干警总数的 31%。为了切实加强党建工作，更有效地开展好党内各项活动，经院党支部申请，中共东辽县委组织部于 4 月 4 日正式批复，同意成立中共东辽县人民检察院党总支委员会，隶属县直机关党工委。5 月 21 日，县直机关党工委批复：张海同志任党总支书记，王焕军、毕长有同志任党总支副书记，张雅贤、高德录、马广武同志为委员。11 月 13 日，根据工作需要，并报请县直机关党工委批复：李国岩同志任党总支书记（兼），邹仁贵同志任党总支副书记（兼），毕长有同志为专职副书记,组织委员张雅贤,宣传委员高德录,纪检监察委员马广武,青年群工委员齐立平。党总支下设三个党支部：综合党支部、刑检党支部、自侦党支部，每个党支部设两个党小组，至 2003 年，共有党员 45 名。

2005-2007 年，在院党组和县直机关党工委的正确领导下，党总支坚持以党的十六届六中全会精神和上级党组织要求为指导，以提高党员素质为基础，以开展各项活动为载体，以发挥党员作用为目标，不断加强党组织和党员队伍建设，为县域经济发展、和谐社会建设提供坚实的基础保障。按照这一总体思路，全面加强党的建设，积极发挥党员先锋模范作用，有力地推动了全院各项工作的发展，机关党建工作取得了较好的业绩。连续四届被县委评为优秀基层党组织，被市委评为"五好基层党组织"。

围绕工作重心，开展为大局服务活动。为把检察工作融入新农村建设、和谐社会建设大局中，针对新时期检察工作的特点和县域实际，院党组从 2005 年起相继制定了《加强法律监督能力建设，为构建东辽和谐社会服务的若干意见》和《关于履行检察职能，服务东辽新农村建设的若干意见》，通过进一步修改完善，把检察职能分解细化渗透到服务新农村建设、和谐社会建设的各个方面、各个环节。党总支以两个《意见》为统领，充分发挥党员的先锋模范作用，在检察工作服务大局上迈出了新的步伐。努力找准服务大局的结合点，在查办经济犯罪案件时，自觉维护发案单位工作正常运转；组织党员干警走访迪康药业等 26 户较大的民营企业，广泛征询意见和建议，提供检察服务；在确保县委政令畅通的同时，号召全体党员充分履行检察职能，做到出警迅速，不折不扣，执行坚决；以法治理念为指导，全面推进法治进校园、法治进社区、法治进乡村的"法治三进"活动；党组书记亲自带领党员干部，深入精神文明共建单位白泉镇东州春雷小学，研究措施，探讨方法，共建精神文明先进单位，克服困难，筹措资金为共建单位送去了价值5000余元的电脑、铁皮卷柜和教学用品等；组织党员干警深入国土资源局、建安镇等单位为干部群众讲课，开展法治宣传；院党组领导多次带党员干警，深入重点包保的渭津镇和白泉镇贫困户家中问寒送暖，及时送去种子、化肥，帮助贫困户解决种地困难，深入到帮扶对象——渭津镇小良村、宫家村，安恕镇大道村，帮助制定发展规划，并协调解决修桥、修厕材料、资金等物资。

围绕业务建设，开展学习培训活动。在坚持"三会一课"等日常学习的同时，积极探索学习的新途径。在巩固传统学习方式的基础上，打破科室界线，开辟"小组"学习活动的新形式。先后成立了以党员为主体的演讲与论辩、司法考试攻关、犯罪心理与侦查技能等7个学习研究小组，为团队学习搭建了新的平台。在学习小组成立之前，进行了广泛的调研，根据党员干警的个人爱好和工作实际，确定学习小组类型，院党组成员带头参加，每个小组都选派学有专长的党员任小组长，各小组都制定了学习规划，按照规划定期开展活动。调研宣传小组在活动中聘请了市委宣传部两名干部来院讲课，就新闻和调研文章写作进行辅导。司法考试攻关小组聘请市中级法院、市检察院司考过关者来院座谈，交流司考体会，传授学习方法，收到较好的效果。一名党员干警于2006年9月率先通过国家司法考试，院里专门召开大会对其隆重表彰，颁发奖金3000元予以鼓励。为适应办案的需要，党总支定期举办计算机应用技能竞赛，网络办案顺利推进，全院党员干警均已较好地掌握了案管软件操作技能，网上签批、网上流转正常运行。

　　围绕队伍长远建设，开展规范化管理活动。党建工作和检察队伍建设是相互联系、密不可分的统一体。只有把党建工作、队伍建设融入检察工作的各个层面，才能使检察文化焕发出勃勃生机。一是把党建工作同检务管理、队伍管理结合起来。按照院党组的要求，主动配合业务部门，积极探索和建立了执法责任体系、执法质量和效率考评体系、执法监督体系、执法信息化体系、教育培训长效机制等五大体系，强化了办案行为的流程管理。建立健全岗位目标管理机制、选人用人机制、检察人员分类管理机制、业务工作运行和案件流程机制、内外监督制约机制等五项机制，实现了用制度来规范干警的行为，推动了各项检察工作的科学、规范和有序运行。努力建立健全党员干警接受外部监督机制，积极开展人民监督员制度试点工作，制定监督细则与监督流程，完善了监督规范。二是把党建工作同检察队伍建设结合起来。相继开展了牢固树立社会主义荣辱观演讲赛、迎"七一"党的知识竞赛、社会主义法治理念教育演讲赛、"学习小组"活动、野外体能锻炼、机关篮球赛、机关乒乓球赛、趣味运动会、"健康生活，快乐工作"专题讲座、迎"司考"知识竞赛、软（硬）笔书法比赛等丰富多彩的检察文化活动，寓思想政治工作、队伍建设于党建活动中，增强了党建工作的生动性和趣味性，体现了思想政治工作与党建工作的水乳交融，收到了事半功倍的效果。三是将党建工作同精神文明建设有机结合。由于扎实抓好党建工作，全院的各项工作都有了长足的进步，取得了明显的效果。党员素质明显提高。干警身体状况、精神状态明显改善。工作业绩明显提升。打击严重刑事犯罪，维护社会稳定工作成效显著。全院整体工作稳步推进。2006 年，院党总支被市委评为县直机关唯一的"五好党组织"。

　　2008 年，机关党总支认真贯彻党的"十七大"精神，按照县直机关党工委的要求，认真抓好"五项"建设，继续创建"五型"机关，促进各项工作不断发展，为构建和谐社会，建设社会主义新农村做出了积极贡献。

按照以改革创新精神推进党的建设的总体要求，党总支继续加强思想建设、组织建设、作风建设、制度建设和廉政建设。在加强思想建设中，以坚定党员的理想和信念为重点，以强化社会主义核心价值体系建设为主要内容，以上党课为主要形式，共进行了4次党课教育学习，同时聘请了市委组织部、宣传部和县直机关党工委的领导来院讲课。在加强组织建设中，以不断提高党员干部队伍素质为重点，通过开展各项活动，激发党组织的活力，使每个党支部、每一名党员积极争先创优，通过发展新党员，激励党员的先锋模范作用，求真务实，永葆先进性，发展了2名新党员。在加强作风建设中，从整顿机关纪律作风入手，解决干警作风涣散等问题，增强党员的凝聚力。在四川汶川地震后，全院党员和干警先后两次向灾区捐款1.59万元人民币，其中党员捐款0.87万元。同时，开展了各项帮扶工作，11月7日，党总支带领党员深入到足民乡开展了帮扶对接工作，在法律、项目、资金等方面对社会主义新农村建设试点单位开展帮扶工作。在加强制度建设上，紧密结合检察工作的实际，制定了十余项党建工作制度，使党的工作有章可循，有序进行。在加强廉政建设上，以教育为主，运用典型案例，经常开展警示教育，在完善各项工作制度的同时，进一步强化了监督机制，使党员及干警筑牢思想道德和党纪国法防线，进行了2次反腐倡廉教育，收到了较好的效果。党总支按照县直机关党工委的部署，在抓好机关党的建设工作的同时，在政治处的配合下认真抓了"五型"机关建设工作。

建设好学习型机关。坚持了机关学习日制度，保证每周五下午为党员学习活动时间，并明确了学习内容，即：学习和研究中国特色社会主义理论、中国特色社会主义道路、科学发展观、社会主义核心价值体系、中国特色社会主义的理想。先后组织了3次微机操作考核、1次检察业务考核，学习养生保健知识，2名党员参加了县直机关党工委组织的理论研讨会，获得了优秀奖，组织全院党员开展了党的"十七大"知识竞赛活动，举办了纪念建党87周年书法、演讲竞赛活动。

建设好服务型机关。组织党员干警重点解决高效服务、热情服务、全方位服务的问题。继续开展了法制进校园、进社区、进乡村、进企业的"四进"活动，同时认真做好群众来访接待工作，充分体现热情服务。与相关部门配合举办了两次规模较大的法制进校园、进社区、进乡村活动，开展了"预防职务犯罪"宣传、"举报宣传周"活动和"渎职侵权立案标准"宣传。

建设好创新型机关。在全国检察系统规范化管理体系试点工作中，党总支主动配合相关部门，做到了机关党建工作与检察工作目标相统一；在内容上，做到了与检察工作发展相融合；在制度上，做到了与检察管理制度相衔接；在方式上，做到了与检察活动方式相渗透；在要求上，做到了与检察工作标准相协调。

建设好和谐型机关。党总支通过开展各种丰富多彩的活动，努力营造机关的和谐氛围，充分体现了领导与同志之间的关系和谐、同志与同志之间关系和谐。全院党员，尤其是党员领导干部、总支、支部委员都能够做到广泛开展谈心活动、主动征求意见活动。党总支配合机关办公室，积极整治服务环境，保持室内外卫生清洁，美化绿化办公环境，实现了机关办公条件与自然环境和谐的效果。

建设好平安型机关。建设平安型机关，对于稳定机关秩序，保证各项检察工作的发展具有特殊意义。为此，党总支能够积极主动配合政治处、办公室等职能部门，认真做好安全防范工作，对值班值宿情况做到跟踪监督，力求把机关建设成稳定、团结、和谐的平安型机关。同时还聘请了武警消防中队的同志来院就消防工作进行了授课。

2009年，机关党总支扎实开展学习科学发展观教育实践活动，抓好"五个"工作体系建设，做好新时期的"五者"队伍建设工作，继续推进"五型"机关建设。

根据省、市、县委的安排，扎实开展了学习科学发展观教育实践活动。院党组高度重视，组织全院党员提高认识、统一思想，准确把握活动的指导思想、主要原则和重点任务，紧密结合检察工作实际，对各阶段、各环节的活动任务周密部署，加强领导，精心组织，务求实效。成立了由检察长任组长的教育实践活动领导小组，下设办公室，内设协调指导、综合宣传、督导整改和后勤保障等五个小组，负责日常工作。制定了周密的总体工作方案和操作方案，制定具体阶段的时间表，举办了3期集中学习培训班，先后3次召开阶段动员大会。广泛开展学习调研活动。创新学习载体、搭建学习平台，每周五下午集中学习，全院从党员到一般干警的学习笔记都达到了规定学习篇目和字数；举办了3期科学发展观大讲堂，院党组成员带队深入基层，完成9个调研题目，并召开理论中心组（扩大）汇报会，交流了调研成果。在分析检查阶段，为切实找准突出问题，在中央和县委规定的3个环节基础上，增加了广泛征求意见环节，取得了很好的成效。发放征求意见表百余份，从中梳理出6个方面11个突出问题。充分查找问题，理清思路，运用学习调研等成果，形成了高质量的领导班子分析检查报告，深刻分析了产生问题的主客观原因，明确了今后发展的总体方向和主要措施。全面加强整改落实工作。

严格按照"四明确一承诺"要求，制定了"目标明确、措施具体、责任到位"的整改落实方案。针对存在的突出问题，确定了 11 个整改落实项目，坚持边学边改、边查边改、边整边改，把解决突出问题贯穿活动始终。坚持把学习实践活动与"五职"教育、"四走进"活动有机结合，加强检察职业道德教育。切实贯彻党的群众路线，充分调动机关党员和干警的积极性和主动性，确保全员思想受教育、能力有提高。

院党组织高度重视机关党组织建设，做到了组织明确、分工到位，各负其责。本着优化结构、完善功能的原则，大力加强组织建设。为了发挥党组织的整体功能，在学习实践活动中，对总支和各党支部进行了调整，完善了"党总支—党支部—党小组—党员"的管理和教育组织体系，使机关党建工作步入了规范化、制度化轨道。重新调整了自侦、刑检、综合 3 个党支部，将精通检察业务、政治素质好、群众威信高的党员干警调整到各支部任支部书记、组宣委员，增强了党组织的凝聚力和战斗力。党组十分重视党员活动阵地建设，投入大量的物力、财力，建立了党员活动室，先后筹集资金 3 万余元，购买了电脑、彩色电视机、VCD、摄像机、照相机以及音响等电教设备，配备了党旗、会议桌等，同时精心制作了党建揭示板，设立了健身馆，馆内有乒乓球活动室、棋牌室、健身室、洗浴室等，为党员活动和文化生活提供了良好的环境。院党组始终把发挥党员的先锋模范作用作为党建工作的出发点和落脚点，全院党员在检察业务工作中，努力加强思想修养，按照新时期党员先进性标准严格要求自己，带头执行政法干警八条禁令、制止奢侈浪费8 条规定等方面内容，党员领导干部在工作中能够带头办案，落实党风廉政建设责任制，发挥了党员领导干部的表率作用。

进一步加强对机关党员干部的理想教育、宗旨教育和警示教育。党总支结合教育实践活动，在以往的"九个制度、一个规则"的基础上，针对在教育实践活动中查找出的问题，结合实际进一步完善了《党员"三会一课"制度》、《党组理论中心组学习制度》、《检务公开制度》、《人民监督员监督案件制度》、《接受人大代表、政协委员监督制度》、《机关考勤通报制度》等，制定了党员学习、党组成员讲党课、党员服务群众、院领导干部"一岗双责"等制度和规定，着重在落实上狠下功夫。成立了以常务副检察长为组长、由纪检组、政治处、党总支、办公室组成的督察组，负责对各项制度和规定落实情况的督察，每周不定期地督察2-3次，每季度通报一次、同时对遵守制度不好的进行诚勉谈话，对执行制度不认真的严肃批评。组织干警到长春铁北监狱进行警示教育，观看警示教育专题片，结合院内开展的纪律作风专项教育整顿活动，把加强内部管理为重点，把发现问题、解决问题，增强队伍凝聚力、战斗力作为出发点和落脚点，认真查找和解决部分党员干警中存在的"懒、软、散"等突出问题，进一步提升了干警的整体素质。通过各项制度的贯彻落实，院风院貌进一步得到改观。

进一步推进党风廉政建设。按照全县党风廉政建设会议精神的要求，党总支积极配合院纪检组，在党员干警中构筑扎实有效的反腐倡廉工作体系。抓好党员和全院干警的反腐倡廉教育，利用正反两方面的典型，引导党员、干部常修为检之德，常思贪欲之害，常怀律己之心。先后两次组织党员和全院干警学习上级院下发的《通报》，做到警钟长鸣；完善了廉政制度，健全了监督机制；继续实行单位、社会、家庭"三位一体"的廉政监督办法和实施意见，注重来自单位、社会、家庭的监督作用；结合检察工作的实际，认真执行好检察纪律，严格遵守中纪委"十条禁令"以及"禁酒令"。

2010 年，党总支在院党组和县直机关党工委的正确领导下，认真落实县委十届六次全会提出的工作任务和要求，以改革创新精神全面加强党的建设，把"服务中心、建设队伍"贯穿机关党组织活动始终，推进我院的党风廉政建设，促进了全院工作的科学开展。

加强理论武装，提高政治素质，大力推进机关思想政治建设。紧密结合检察系统开展的"恪守检察职业道德，廉洁公正为民执法"主题实践活动，深入开展了思想政治教育。一是认真学习党的十七届五中全会以及省、市、县政法会议精神，认真学习全县经济工作会议精神。二是深入学习社会主义法治理念教育读本，开展法治精神、法律职业伦理教育，使检察官的政治素质、职业精神、道德情操、业务水平、工作经验更加适应检察工作的需要。三是学习《中国共产党党员领导干部廉洁从政若干准则》、《落实党风廉政建设责任制规定的实施办法》、《检察官行为规范》、《检察官职业道德基本准则》和《检察官法》，进一步强化对党风廉政建设有关规定的认识和理解。四是学习市检察院以及我院制定的各项规章制度，做到自觉学习、自觉遵守。为把教育活动引向深入，党组织通过积极开展活动，寓教育于活动之中。大力开展调研活动。全院干警在《检察长论坛》、《检察理论精粹》、《检察风云》等省级以上媒体、刊物发表调研文章 40 余篇。先后组织干警观看了《建国大业》《唐山大地震》两部爱国主义教育和人性教育影片，使全院干警受到了深刻的爱国主义教育。组织干警收看百家讲坛《孔子是怎样炼成的》等讲座，进行传统教育。积极参加机关工委组织的各项活动。1 名党员干警在机关工委组织的迎"七一"演讲赛中取得第二名的好成绩。通过以上活动，有效地提高了全院党员干警的政治业务素质，促进检察工作的全面开展。

夯实基础，完善机制，大力推进党组织规范化建设。积极开展"三个工程"建设，保证党组织的先进性和纯洁性。一是实施"核心工程"，抓好班子建设。班子成员有大局意识、责任意识和政治意识，民主决策能力、科学管理能力、改革创新能力。班子经常召开工作会议，研究重大决策和重点工作。多次召开民主生活会，梳理班子成员的思想，增进团结，增强合力，引领发展。二是实施"堡垒"工程，抓好党总支建设。积极开展当一名好书记、建设一个好班子、带出一支好队伍、完善一套好制度、构建一个好机制、创造一流好业绩的"五个一"活动，激发党组织的活力，使机关党组织真正成为坚强的战斗堡垒。三是实施"先锋"工程，抓好队伍建设。以保持共产党员先进性为主题，抓党员素质提高，抓党员形象展示，充分发挥党员先锋模范作用，开展立功竞赛活动，开展评选优秀党员活动，使每名党员牢固树立宗旨意识，充分发挥先锋模范作用，做到作风扎实，爱岗敬业，遵守纪律，廉洁高效，努力建设一支永葆先锋的党员队伍。在建党89周年之际，组织全体党员干警进行了集体宣誓仪式，教育党员干警时刻不忘党的宗旨和检察官的职业使命。以保持党同人民群众血肉联系为重点，认真贯彻为民、务实、清廉的要求，全院党员干部学党章、讲党性、重品行、做表率，牢记党的宗旨，时刻想着人民群众，在处理案件中秉公执法，做到权为民所用，心为民所系，利为民所谋，使自己所做的工作真正得到广大人民群众的信任和赞成。为发挥典型的示范作用，党组织树立了业务精通、公正廉明的公诉科长马金刚，耐心细致、踏踏实实的控申科长杨永君，不畏艰难、勇于探索的时玉环，任劳任怨、无怨无悔的姚福学等15名典型人物，制成揭示板，作为干警的学习榜样。扎实开展"恪守检察职业道德，公正廉洁为民执法"主题实践活动，结合《人民检察院工作人员处分条例》和《中国共产党党员领导干部廉洁自律若干准则》落实行为准则，补充完善规章制度，完善日常督查，业务考核，政绩考评方法，建立健全监督约束、激励机制，做到"用制度管人，按制度办事"，努力提高检察官规范司法能力和水平。进一步增强政治责任意识，严格实行一级对一级负责的党风廉政建设责任制。加强经常性的廉政教育和警示教育，从源头上预防和治理司法腐败问题。党总支组织中层以上党员干警到长春市检察院廉政教育展览馆参观学习，使干警受到了直观教育。进一步严格执行党风廉政建设制度规定，加强检查、抽查和暗访，严格执行"五个严禁"，发现问题及时通报。切实发挥纪检监察职能作用，认真开展自查自纠自处，加强"软环境是条红线，服务经济是条主线，破坏软环境处罚无底线"的教育，警示党员干部依法履职，切实增强党的观念，真诚接受人大、政协、社会各界的监督，实现接受监督规范化和经常化。

争先创优，丰富载体，大力推进机关廉政文化建设。在争先创优活动中，相继开展了"六个一"活动（即：理论学习、典型教育、警示教育、文化讲座、健康辅导、专题讨论）、"主题实践活动"演讲赛、"检察文化月"系列活动、"志愿者"活动等，引导广大干警坚守司法良知，执着检察信念，公正廉洁执法，树立良好形象。认真开展"法律服务年"活动，加大抓落实的工作力度，切实把"法律服务年"活动开展的扎实有效。全院党员和干警为地震、泥石流灾区捐款2万余元，为云顶镇杨家村村部建设出资4万元，开展志愿服务，救助贫困学生、贫困党员5000余元。充分发挥机关党组织核心作用，以提升党员干警工作的积极性、主动性为主题，拓展内容、创新形式，推进机关文化建设。组织党员和干警对全院检察文化氛围进行了深层次的营造，推进了廉政文化进机关活动。

2012年，根据工作需要，经报请县直机关党工委批准，赵海涛任院党总支委员会书记（兼），邹仁贵任副书记（兼），邹彩霞任专职副书记，张柱奎任组织委员，史海清任宣传委员，李秀林任纪检监察委员，李四清任生活委员。下设三个党支部委员会：综合党支部、刑检党支部、自侦党支部，共有党员41名。

党总支全面贯彻县委、市院和院党组重大工作部署，以政法干警核心价值观教育实践活动为主线，以创建检察文化特色院为载体，以"解放思想大讨论、机关作风大整顿、工作业绩大考评"三项活动为抓手，继续开展"争先创优"活动，促进机关党组织和党员队伍建设，教育引导机关党员干部转变思想观念，提高机关效能，强化法律监督，巩固发展成果，推动和促进检察事业科学发展。

加强形势政策教育，激发党员干警的责任感和使命感。围绕贯彻落实县第十一次党代会、全县经济工作会议精神，组织全体干警参加了县直机关工委组织的专题讲座，增强全体干警的危机意识、责任意识、大局意识，把思想统一到县委的发展要求和决策部署上来。同时，组织全院干警深入到农村、企业参观，体验县域经济建设发展的大好形势，参加了市检察院组织的形势教育专题报告、法律讲座，形成人人思发展、人人想干事的浓厚气氛，为完成全年工作目标提供了坚强的思想保证。

以"三项活动"为契机，不断优化机关的整体作风环境。按照县委、县政府的安排和部署，开展了"解放思想大讨论""纪律作风大整顿""工作业绩大考评"活动。党总支与政治处密切配合，根据检察工作的实际，组织全体党员及全院干警紧紧围绕"有为、创新、担当"主题教育，开展"东辽发展我有责"的大讨论活动，通过查找、剖析、整改自身思想、工作、行为上存在的问题和不足，提高机关党员干部的思想观念，形成奋发有为、敢于担当、积极向上的工作氛围，为实现东辽经济的跨越发展奠定良好的思想基础。活动中，切实加强组织领导，精心安排活动内容，积极开展有助于工作的各项活动，有效地促进了全院干警的思想转变，规范了机关工作作风，激发了个人潜能，增强了个人的素能，提高了工作效能。

以检察文化为引领，积极创建学习型党组织。党总支与政治处、纪检监察、办公室等部门相互协调，根据工作实际，制定学习制度、拓展学习渠道、细化学习计划、创新学习形式、落实学习机制，推进工作学习化，学习工作化，把创建学习型党组织与"争先创优"活动结合起来，与业务工作结合起来，突出学习的针对性和实效性，把学习的收获转化为工作的成果。结合检察工作的实际，积极推进检察文化建设，先后开展了"学英模、谈体会有奖征文"、"健康生活、快乐工作系列讲座"、"第二届和谐检察之旅摄影展"、"案件辩论对抗赛"、"趣味棋牌类比赛"等活动，充分展示了检察干警的风貌和检察院的活力。

以扶贫帮困为载体，推进"争先创优"活动开展。在 2011 年的基础上，继续对 22 户群众、20 名党员施行资金、项目、生产发展帮扶；充分发挥"志愿者"队伍作用，继续对 2 名家庭困难的在校生实行资金帮扶；有 2 名党员自发地帮扶 2 名在校学生；党总支对 3 名需要帮扶的生活困难党员进行了走访慰问。与安恕镇大道村等 3 个单位建立了检民共建单位。党总支把"承诺、践诺"当作一项重要工作，切实把公开承诺、践行承诺、领导点评、群众评议等工作抓实抓好。根据检察工作的特点和实际，将"争先创优"活动和"基层组织建设年"活动融为一体，继续以"讲党性、重品行、做表率"和"看东辽发展，创一流业绩"两个活动为载体，围绕创建"五个好"基层党组织，开展好自身的特色活动。

以日常管理为抓手，继续加强党风廉政建设。为了切实提高基层党组织的战斗力和执行力，党总支认真履行职责，做好党员日常管理监督、党费收缴、党刊征订、积极分子培养等方面工作。通过有效的活动和积极的措施，开展好党的活动。"七一"前，组织了党员干警观看红色经典影片《长征》，聘请专业人员进行"检察官诗词鉴赏辅导"，在"检察官能力拓展训练"中开展纪念党的生日诗歌竞赛活动，组织部分党员进行座谈、参观。强化和重视党的后备人才的培养，对党的积极分子队伍进行了整顿和培训。经过组织考察和队伍整顿，采取各支部推荐，党总支讨论的程序，确定了3名干警为重点培养和发展对象，并设专人负责培养。开展了党务公开工作，将党务工作向党员、群众公开。建立了《党风廉政风险防控管理工作方案》，制定了相关制度。认真落实党风廉政建设"一岗双责"工作机制，认真开展机关纪律检查和征求意见活动，积极参加机关作风大整顿活动，整顿机关个别党员干部学习意识不强、法律意识不强、纪律意识不强、大局意识不强、效率意识不强的问题，解决机关庸、懒、散、乱等问题。

2013年，根据工作需要，经报请县直机关党工委批准：邹仁贵任院党总支委员会书记（兼），杜扬担任组织委员，时玉环担任纪检监察委员，副书记和其他委员不变。下设三个党支部委员会：综合党支部（12人）、刑检党支部（10人）、自侦党支部（12人），共有党员34名。

党总支紧紧围绕全院重点工作，努力建设高素质的检察队伍，为全院工作的科学发展提供精神动力和组织保障。

认真抓好干警的思想政治工作。深入学习、贯彻和落实党的"十八大"精神。根据院党组对党的"十八大"精神学习安排部署，组织全院干警认真学习、讨论"十八大"精神的精髓，开拓、创新检察工作。在组织学习中，做到有安排、有落实、有检查。纪念建党 93 周年前夕，在全院干警中进行了一次学习"十八大"精神的测试。同时，开展了读书学习活动，全院干警能够认真学习，坚持写学习笔记，并把"十八大"精神自觉地落实到检察工作的实践中。

积极开展弘扬"六种风气"活动。认真落实全国检察机关队伍建设工作会议部署，根据省院《关于在全省检察机关大力弘扬"六种风气"扎实推进基层基础建设提升工程的意见》精神，结合本院检察工作实际，制定了 2013 年度实施《基层基础建设提升工程实施方案》。在大力弘扬清廉风气、敬业风气、和谐风气、创新风气、学习风气和务实风气活动中，重点突出了 25 项目标和任务，并逐项落实到主管领导、有关责任人及各有关业务部门。在落实过程中，适时组织开展活动，及时调度活动开展情况，督促各部门所制定的有关方案和制度的落实，进一步树立检察干警拼搏进取、无私奉献的良好形象，提升全院检察队伍整体素质，营造检察工作良好氛围，增强检察工作科学发展的内生动力，扎实推进各项检察工作。

按照省院《2013 年吉林省检察机关教育实践活动工作要点》的总体部署和市检察院关于继续开展"五型"创建、深入开展"为民、务实、清廉"教育实践活动的具体要求，对教育实践活动工作做了细致的安排。在全体党员和干警中开展了"深入学习党的十八大精神、深入开展核心价值观专题教育、深入学习修改后的新刑事诉讼法、民事诉讼法"等三个专题的学习，组织党员干警扎实开展服务"三农"活动；主动服务于项目建设和民营、小微企业；积极推进"五型"机关创建；深入开展接地气的进乡村、进社区、进企业、进学校的走基层活动；选树典型，大力推进廉检文化建设和廉洁执法教育，推动"三个专题"教育活动的开展，保证了教育实践活动收到实效。

紧密结合检察工作实际开展"争先创优"活动。在业已取得荣誉基础上，以省院开展的"大力弘扬六种风气"活动和市院开展的群众实践活动为平台，持续做好"三帮扶"工作，搞好"检务公开"，践行承诺，围绕创建"五个好"基层党组织开展了本院的特色活动。进一步加强机关党务干部和党员队伍建设。从抓监督入手，配合政治处、监察科、计财科等职能部门，抓好党员的日常管理，开展了走访、座谈、参观、演讲、书法、绘画、摄影等色彩斑斓的党员活动，增强了党员的凝聚力、向心力、战斗力。

充分发挥党总支在开展精神文明建设中的作用。先后与安石镇朝阳村和安恕镇李趟村结成检民共建对子，深入开展城乡精神文明结对共建活动。在党总支的号召下，"志愿者队伍"积极开展了帮扶救助活动。共帮扶困难群众 22 户，常年帮扶困难学生 4 名，开展慰问活动 2 次，发放慰问金 1.26 万元，投入物资达 1 万余元，帮扶困难党员 2 户，领导干部帮扶特困群众 2 户。帮助李趟村修路 4 公里，投入资金 3 万余元，在"三帮扶"的同时，积极开展了关心下一代工作，树立了史海清、菅光元两名道德模范。

第二十章

纪检监察

1987 年 1 月 5 日，自东辽县人民检察院纪检组设立以来，纪检监察部门始终把开展纪律教育贯穿于检察工作的全过程，把开展经常性的纪律教育作为预防检察干警违法违纪的治本措施。通过开展教育，有力地推动了检察队伍廉政建设，提高了全体检察人员遵纪守法的自觉性，推进了检察事业的健康发展。

1989 年，按县委统一部署，建立了廉政建设领导小组，制订了廉政建设规划，开展了"廉政年"活动，整顿作风，严格纪律，加强了队伍廉政建设。各科室选出 1 名政治素质好的业务骨干做廉政建设监督员，监督本科室和全院的廉政建设制度执行情况。制定了办案回访制度，即到干警办案地，进行调查走访，了解干警在办案中的不廉行为，广泛征求群众和有关方面意见。一年来，干警们遵守职业道德，遵守职业纪律，秉公执法，清正廉洁，克服各种困难，努力工作，全院没有一名干警因违法违纪而受党纪、政纪处分，涌现出很多带病工作、昼夜奋战、不顾安危追捕逃犯和拒收贿赂的好人好事。

1998-1999 年，按照上级党委和上级院的要求，坚持"公正执法、加强监督、依法办案、从严治检、服务大局"的检察工作方针，在认真做好各项检察业务的同时，全面开展了以教育整顿为载体，以"三讲"教育为主线，以人民满意为标准，以建设高素质为目标的党风廉政建设教育活动，使检察队伍展现了新的风貌，进一步提高了队伍的整体素质。在党风廉政建设中，实行了检察长负总责，分管副检察长分工负责，各科室负责人具体负责，一级抓一级，层层落实"一岗双责"，形成了齐抓共管的工作格局。做到了：有组织、有方案、有措施、有责任。在原有 40 项规章制度的基础上，又制定了 10 项规章制度。通过开展集中教育整顿进行廉洁作风教育；通过开展争创"五好两满意"活动强化廉洁作风建设；通过实行检务公开规范廉洁作风机制等活动，队伍素质有了显著提高，干警累计拒贿 3 万余元、拒请吃 80 余次，违纪现象基本杜绝。

为加强我院党风、行风和廉政建设，内强素质，外树形象，实现"做一流班子、带一流队伍、创一流业绩"的目标，努力建设一支高素质的检察干警队伍，根据省、市院的要求，经院领导班子研究聘请了 20 名县直机关和部分乡镇的工作人员为东辽县人民检察院党风、行风、廉政建设监督员。在院党组的领导下，纪检监察工作认真贯彻落实"教育、制度、监督"并重的工作方针，结合我院工作实际，积极探索监督工作方式，加大了监督力度。在工作实践中，重点抓了三个监督环节，即：单位、家庭和社会的"三位一体"监督。充分发挥各个层面的监督作用，把监督工作提升到一个新水平、新高度。

在单位监督方面，明确领导干部及部门负责人开展监督的内容和范围。为了调动院领导及部门负责人履行监督职责的积极性，把对下属的监督工作开展好，认真研究"一岗双责"责任状，细化监督的内容和监督范围，院党组集体讨论责任状，把党风廉政建设作为一项重要内容列入责任状中。由检察长和各位副检察长签订"一岗双责"责任状，副检察长和所分管科室负责人签订责任状。在"一岗双责"责任状中，明确了检察长、副检察长及部门负责人对党风廉政建设所负的各项责任，检察长不仅对本院的业务工作负责，而且要对党风廉政建设工作负责。同时，要求各位副检察长对分管职责范围内的党风廉政建设工作负重要领导责任，各部门负责人对本部门的党风廉政建设负主要领导责任。把责任进行了明确，落实到人头，形成了齐抓共管的格局。党组每季度召开一次会议，分析干警的思想情况和工作作风上存在的问题，根据中心工作需要，及时要求分管副检察长对干警谈话，提出遵纪守法要求，给干警敲个警钟、提个警醒，几位副检察长也都按此要求经常与检察官谈话，进行思想交流。

开展领导干部述职述廉工作，发挥群众对领导干部的监督作用。结合县纪委、组织部门的年度考核，领导班子成员向全院干警进行述职述廉，不仅讲分管的业务和党风廉政建设工作情况，而且报告个人的廉洁自律情况，干警针对班子成员述职述廉情况进行投票评价。实施干警对领导班子成员监督。年末结合规范化管理机制试点工作管理评审，进行中层干部年度工作述职，接受院党组检查和全院干警的民主监督，促进工作业绩的提升。

开展诫勉谈话工作，强化领导干部对下级的监督。发现干警存在的普遍性问题或个别干警存在的苗头性问题，及时通报给分管领导，由分管领导履行监督职责，开展谈话提醒教育。由于领导班子成员认真履行"一岗双责"责任状中规定的职责，不护短，不手软，敢抓敢管，及时对干警进行谈话教育。几年来，对3名有违纪苗头人员，及时进行了诫勉谈话，及时杜绝了违纪现象的发生。

对办理案件人员实行跟踪监督。在安排办理案件时由分管领导组织填写《交办案件警示教育登记表》，同时对干警进行警示教育，提出明确的纪律要求。有的重大案件办理过程中检察长亲自交代纪律。副检察长及部门负责人组织填写《交办案件警示教育登记表》，对干警进行警示教育，组织相关人员深入到涉案单位及涉案重点人员、拘留所、控申科了解干警工作作风，重点查问有否违纪问题。

适时开展纪律作风整顿。为强化日常管理，提高干警自我约束能力，认真查找和着力解决队伍建设中存在的"懒、软、散"等突出问题，杜绝和减少违法违纪现象的发生，树立检察机关的良好形象，提升干警的整体素质，经常性的开展纪律作风整顿活动。对 2 名不安心工作，不适应检察工作的干警采取组织措施，动员辞职 1 名，责令调出 1 名。结合规范化建设，强化内部监督。在规范化建设体系文件中，把对自侦案件、自侦部门的监督写入体系文件中，明确了监督的各项措施，保证了监督的实效性。

在家庭监督方面，借助亲情的力量，发挥家庭的协廉、促廉、助廉功能，增强家属的廉政责任意识，是促进干警廉洁自律的重要一环。为了把家属的促廉、助廉作用发挥好，起草了《干警家属助廉办法》，下发到干警家属手中，要求干警家属发现干警有下列问题，要及时提醒干警遵守纪律规定、注意廉洁自律。一是干警有利用职务之便，为本人、亲属及请托人谋取私利行为的；二是干警有干预和插手经济纠纷、工程招投标等事宜迹象的；三是干警预借婚丧嫁娶等事宜大操大办，敛取钱财的；四是干警有利用工作职权收受与行使职权有关的单位、个人的现金、有价证券和支付凭证行为的；五是干警有工作日饮酒或酒后驾驶机动车辆行为的。《干警家属助廉办法》下发到家属手中后，使干警家属进一步明确了干警应该禁止的行为，方便了干警家属对干警的监督。开展"争当廉内助，树立好家风"活动，对助廉作用发挥好的家属进行表彰奖励。

在社会监督方面，发挥人大代表、政协委员的监督作用。以每年人大、政协"两会"为契机，由各副检察长带队深入到人大代表、政协委员讨论地进行走访，认真听取人大代表、政协委员对检察工作的意见和掌握的检察干警遵纪守法情况。然后，归纳梳理出各类问题，向干警公布，要求干警对号入座，本着有则改之，无则加勉的态度，认真查找自身存在的不足和问题，进行深刻反思和自我批评教育，达到自省、自警、自励的目的。定期或不定期地邀请人大代表、政协委员、人民监督员和执法执纪监督员召开座谈会，广泛征求其对检察工作、检察干警的意见和建议，及时发现违纪苗头。

发挥各乡镇司法所长的信息反馈作用。不定期地召开乡镇司法所长座谈会，听取司法所长搜集到的各类案件当事人反映的案件处理情况，从中寻找干警在办案过程中有否违纪违法的问题。对办案过程中存在一般问题的干警由分管领导进行谈话提醒教育，对办案过程中存在苗头性问题的干警由纪检监察部门进行诫勉谈话。

发挥"四走进"的促进作用。按照上级院的要求，认真开展了"四走进"活动。各活动小组走进企业、农村、社区和学校，在主动服务的同时，认真了解干警工作期间和非工作时间的遵纪守法情况。听取社会各界对检察干警工作上和生活上的反映，发现问题，及时解决。

发挥网络监督作用。为了增强检务公开，便于人民群众的监督，在全县政务网上设立了检务公开栏，及时通报检察工作的进展情况，通报东辽检察的主要工作和重要事项，广泛征求人民群众的意见和建议，对征求到的6条意见及时进行了处理，收到了较好的效果。

2014年，深入贯彻落实中央及省市县关于加强党风廉政建设和反腐败工作会议的精神，聚焦中心工作任务，突出"两个责任"，推动党风廉政建设责任制有效落实。

院党组切实承担起党风廉政建设的主体责任，制定了《东辽县人民检察院2014年党风廉政建设和自身反腐败工作方案》，部署和落实党风廉政建设和自身反腐败工作。检察长与副检察长、副检察长与中层以上领导干部继续签订党风廉政建设"一岗双责"责任状。坚持领导带头做表率、纠正"四风"等突出问题，纪检监察部门切实履行监督职责，加强对执法办案重点环节的廉政风险防控。制定了《岗位廉政风险防范工作规范》、《执法办案风险评估预警实施办法》和《执法办案人员档案管理制度》；继续实施对不立案、不批捕、不起诉、撤销案件情况的监督检查，对此类案件终结后的法律文书及时报监察部门备案审查；通过案件综合管理平台的案件预警机制、流程监控机制和案件质量评查机制，进一步规范监督制约机制。

在党的群众路线教育实践活动中，认真落实"两个责任"，对原有的党风廉政建设制度进行梳理与完善，并结合党的群众路线实践活动中发现的问题，重新制定了《党风廉政建设联席会议制度》、《党员领导干部重大事项报告制度》、《落实一把手三个不直接分管实施办法》、《关于进一步提升民主生活会质量的意见》、《检察人员廉洁执法若干规定》、《关于进一步贯彻落实中央八项规定、切实加强机关作风建设的实施意见》、《关于贯彻落实厉行勤俭节约反对浪费的规定》等一系列工作制度，形成多方位、多角度监督机制，有效防范和减少了不规范、不廉洁行为的发生。

第二十一章

队伍建设

检察队伍建设是做好各项检察工作的根本，建设高素质的检察队伍是东辽县检察院常抓不懈的工作和不断追求的目标。特别是恢复建院以来，以"强化法律监督，维护公平正义"为主题，以提高法律监督能力为主线，加强思想政治和职业道德教育，强化检察专业人才培养力度，不断完善队伍管理机制，努力将检察队伍锻造成政治坚定、业务精通、作风优良、执法公正的中国特色社会主义建设者和捍卫者。

1984-1986 年，在积极开展各项检察工作的同时，狠抓检察队伍的思想建设和业务建设。在院党组的领导下，充分发挥机关党组织的作用，坚持层层抓思想政治工作，对干警的政治思想情况实行目标管理，建立考核档案，以此作为干警评先晋级的重要依据。按照县委的统一部署，在制定的业务工作"三定一包"（即：定人员、定业务、定时间、包质量）岗位责任制基础上，全面系统地制定了以业务工作为重点的百分制岗位责任制，从全院、科室到个人制定了完整的岗位责任制体系，建立了严密的组织领导机构。以月记分、季小结、半年讲评、全年总评的形式，落实各种规章制度，业务工作和综合治理工作均达到了岗位责任制要求，刑事、自侦、批捕、起诉等案件的各项小指标均达到 100%。在实际工作中，重点抓了五个教育，即：坚持四项基本原则的教育；为人民服务的宗旨教育；勤俭节约艰苦奋斗教育；提升业务素质教育和法制教育。通过这些工作，提高了干警的政治素质和思想觉悟。绝大多数干警能模范地遵纪守法，涌现出许多秉公办案不收贿赂，全心全意为人民服务的好人好事。先后有 2 个科室、20 余名干警，分别被评为省、市、县的先进集体和先进个人，受到了表彰和奖励。

在业务建设上，根据人员新、业务生疏的状况，采取了以老带新、以会带训、边实践边提高等措施，对记录、审讯被告、证据核实及适用法律、制作法律文书、出庭支持公诉等一整套办案业务进行学习，使干警较快地适应了工作的需要。为进一步提高业务水平，有组织、有计划地组织干警采取自学与辅导、业余上电大与脱产培训相结合的方法，学习法学理论，提高实际业务水平。有80%以上的干警分别学完了《刑法学》和《刑事诉讼法学》等学科。2名脱产培训的干警已毕业于吉林省政法管理干部学院，6名干警毕业于省电大法律系，5名干警即将在电大结束学业，20名干警正努力复习功课，准备报考电大。有2名干警被省电大评为优秀学员，我院被省院评为干部培训先进单位。通过学习，有力地促进了业务水平的提高，制作的法律文书，在全省检察系统74个市、县、区院评比中，名列第一。由于抓了政治思想工作和业务培训，促进了干警两个素质的提高，经人大和组织部门的考查，先后有12名干警被任命为检察员，有8名干警提升为科级干部，有2名干警提升为副检察长级领导职务。

1987～1989年，为进一步提高干警的政治素质和业务素质，努力加强队伍建设，强化思想政治工作，积极进行业务培训，进一步提高了干警的两个素质，增强了干警对深化改革的承受能力。一是经县编办批准成立了"政工人事科"，选派思想品质好，在干警中有威信，有长期从事思想政治工作经验的同志为政工人事干部，强化思想政治工作组织领导。二是围绕党的十三大和全国、省、市检察长会议精神的学习贯彻，开展了坚持"一个中心两个基本点"的基本路线教育和改革开放必须坚持四项基本原则教育，教育干警积极拥护党的深化改革和继续开放的决策，做到政治上和思想上同党中央保持一致。全院干警在这次学潮、动乱、暴乱及平息暴乱的非常社会治安状况下，坚守岗位，努力工作，经受了考验。三是认真贯彻执行《吉林省检察机关工作人员守则》，开展了以模范检察长周公义为榜样的职业道德、职业纪律和职业责任教育，整顿作风，严肃纪律。3年来，干警基本做到了克服困难，努力工作，奉公守法，遵守职业纪律，恪守职业道德。近6年来，无一名干警因违纪而受到党、政纪处分，涌现出了省检察系统先进个人18人（次），市检察系统先进个人34人（次），荣立三等功3人（次），省检察系统先进科室4次，市检察系统先进科室14次。

在提高业务素质上，着重强调从检察工作实践中学习检察业务，采取了多种形式进行系统检察业务培训。选送干部离职到高等院校深造；组织干警参加函大、电大法律专业学习；进行短期岗位业务培训；采取科室组织集体学与业余自学相结合，学习高检院编著的7本检察业务书籍。3年来，有2名干警毕业于省政法管理干部学院，2名干警毕业于业大，11名干警毕业于电大，8名干警继续在电大学习。上述23名同志约占业务人员的70%，成为我院业务骨干。通过狠抓业务素质的提高，推动了我院干警专业化的进程。

1990-1992年，狠抓队伍自身建设，不断提高干部队伍的政治、业务素质，保证各项检察任务的完成。

积极进行政治理论教育，不断提高干警的思想觉悟。针对东欧和苏联剧变，敌对势力进行反社会主义宣传，广大干警对社会主义理论和实践进行积极思索的客观实际，组织干警反复学习马列主义、毛泽东思想基本原理，学习邓小平同志关于建设有中国特色社会主义理论等书籍，教育干警坚定社会主义信念，坚持党的基本路线，坚信社会主义必然代替资本主义是社会历史发展不可逆转的总趋势。针对加快改革、扩大开放，经济体制变革的新形势，组织干警反复学习邓小平同志南巡重要讲话，学习党的十四大文件，增强为改革开放和新经济体制自觉服务意识。

针对干警观念淡薄，存在特权思想的问题，组织干警重温毛泽东等老一辈革命家关于人民是历史的主人，是历史发展的动力的唯物史观论述，学习雷锋、焦裕禄及各行业标兵的模范事迹，进行公仆意识教育，树立全心全意为人民服务的观念。根据廉政建设的需要，结合向全国模范检察干部于旭东学习的活动，开展"检察官风采"大讨论，进行"不求索取，争做奉献"检察官风采教育。

建立健全各项规章制度，努力使队伍建设规范化、制度化。3年来，从建立健全规章制度入手，加强队伍的自身建设。结合贯彻落实省检察院制定的《检察人员职业道德、职业责任、职业纪律》，相继建立健全了廉政档案制度、办案回访制度、不立案备查制度、交叉办案内部制约制度、内外监督员制度、岗位责任制度和每半年进行一次纪律作风整顿与执法执纪检查制度。通过狠抓各项制度的具体落实，加强了队伍的自身建设。

积极开展岗位练兵，不断提高干警的业务素质。按照全院"七五"、"八五"干训规划，3年中，组织30名干警参加电大、业大和岗位职务学习培训，进一步提高干警的文化素质和专业知识水平，目前全院干警达到大专以上学历的27名，占干警总数的54％。通过在办案中开展争当"办案能手"、"优秀公诉人"和"优秀侦查员"等岗位练兵活动，提高干警的实际工作能力。由于坚持狠抓队伍建设，努力促进干警两个素质的提高，队伍状况基本适应检察工作需要，在建设一支政治立场坚定，严格依法办案，秉公执法，掌握政策，实事求是，联系群众，精通业务的检察队伍方面迈出了扎实的一步。

1993-1997年，以提高"两个素质"为重点，着力加强队伍建设。检察机关是法律监督机关，是重要的执法部门，能否正确地履行职责，队伍建设的好坏至关重要。5 年来，始终把队伍建设作为一项重要的战略任务来抓，努力做到更扎实、更深入。特别是 1996 年以来，以"建一流班子，带一流队伍，创一流业绩"为奋斗目标，加大了工作力度和建设步伐，进一步提高了干警政治素质和业务素质，保证了各项检察工作任务的顺利完成。

抓好领导班子建设。班子建设是队伍建设的关键环节，队伍建设的好坏，取决于有什么样的带头人。因此，在队伍建设中，首先抓了领导班子建设。在班子建设中，班子成员始终不渝地坚持民主集中制，坚持集体领导和个人分工相结合，对重大决策、重大问题、重要案件和干部任免等方面实行集体领导，注意整体功能的发挥。工作中，讲理论重实践，讲进取重实干，讲廉政重奉献，坚持站好排头。努力做政治上的明白人、工作上的实干家、办理案件的带头人、严格执法的模范、勤政廉政的表率。1996 年，我院在领导班子建设上受到县委的好评，并在 1997 年全市政法系统队伍建设座谈会上，作了先进典型发言。

抓好思想作风建设。5 年来，始终坚持把思想作风建设作为一项重要任务来抓。一是组织全体干警深入学习马列主义、毛泽东思想，坚持用邓小平理论武装头脑，针对市场经济条件下产生的思想波动，开展共产主义理想信念教育，全心全意为人民服务宗旨教育和艰苦奋斗的传统教育，讲学习、讲政治、讲正气，树立共产主义的世界观、人生观、价值观。二是针对检察工作特点，结合检察系统内部开展的教育整顿工作和每半年进行一次的执法执纪大检查，有针对性地开展职业道德、职业纪律、职业责任和廉政教育，把"爱党爱国爱人民"与"爱检爱岗爱本职"活动有机地结合起来，加强检察机关精神文明建设。三是加强党的建设，以党的建设带动队伍建设，在各项检察工作中，充分发挥党组织的战斗堡垒作用和共产党员的先锋模范作用。四是坚持从优待警，关心、体贴、爱护干警，切实为干警办实事。五是树立和弘扬典型，用干警身边的事，教育身边的人。坚持开展向模范英雄人物学习活动和争当好公仆活动，进一步弘扬正气，在全院形成了赶先进、争先进的氛围。六是坚持从严治检，认真贯彻落实《检察官法》和《检察纪律处分暂行规定》，特别在1996年还对易出问题的环节和部位，建立健全了40项规章制度，用纪律和制度管理好队伍，做到严格执法、文明办案。

抓好"两法"的学习培训。1997年，修改后的刑诉法、刑法相继实施后，新形势对检察工作提出了更高的要求。院党组十分重视"两法"的学习培训工作，以适应形势发展的需要。全院以学习贯彻修改后的刑诉法、刑法为契机，加大了业务培训力度。组织干警参加电大、业大和岗位职务培训等业务培训；通过组织观摩庭等活动，进行岗位练兵；组织干警进行刑法、刑诉法知识研讨和竞赛；选择有效的活动载体，开展"学、看、练、比"和"写、演讲、分析"等活动。通过采取以上措施，切实加强队伍的业务培训，有力地促进了整体业务水平和实际办案能力的提高。

1998-2002年，立足长远与发展，以实现省"五好院"和"先进检察院"为目标，切实加强队伍建设。

始终坚持抓住班子建设这一重要环节。强化理论中心组学习制度，认真贯彻执行民主集中制和落实党风廉政建设领导责任制，定期召开民主生活会，提高整体素质和工作效能。2002年通过改革优化了班子结构，党组平均年龄为42岁。注重强化领导班子的整体功能，有效调动了工作的积极性，带动了各项检察工作的深入开展，领导班子的思想建设、组织建设、廉政建设和作风建设得到新的加强。

积极开展基本政治理论的教育学习。根据不同时期的中心工作，开展有针对性地思想政治教育。2002 年初召开了全院先进事迹报告会,用身边的先进典型引路,推动思想政治工作的深入开展,加强了检察职业道德教育。在教育培训上,以学习基本政治理论为主要内容,不断加强高层次人才的培养,组织了 30 余名干警参加了专升本的学习,已毕业 7 人。结合自身实际,积极开展了出庭技能、侦查取证、微机操作等各项培训,营造学习的良好氛围,干警的综合素质普遍得到了明显的提高。

发展壮大党的组织,切实发挥先锋作用。有 12 名年轻干警加入了中国共产党组织。2002 年初通过改革,设立专职副书记主抓党建工作,不断完善组织和生活制度,使党建工作的管理更加规范化。充分发挥党组织战斗堡垒和党员的先锋模范作用,带动全院干警完成了经济建设储蓄存款、招商引资、救灾扶贫、慈善救助捐款、"三清两建"包村、"费改税"包乡等多项工作任务,展现了检察机关党的良好形象。

加强规范化管理,创新选人用人机制。一是进一步完善和严格执行内部管理 10 项规章制度,实行了自侦、刑检案件流程管理和岗位责任目标考核细则。二是大力推行检察机关机构改革和人事制度改革,2001 年,按照"公开、平等、择优"的原则和"中层干部竞争上岗,一般干部双向选择"的选拔用人机制,进行了机关机构改革,机关内设 10 个机构中,17 名检察干警通过竞争上岗被选拔到中层领导岗位上来,有 10 余名干警进行了轮岗交流。三是强化了改革创新,相继推行了主诉、主办和首办检察官办案责任制,公开听证会制度,派驻公安机关检察联络室工作制度,实行检察委员会 4 项改革,使责、权、利更加清晰,有效地提高了办案质量。

进一步强化监督制约机制。一是自觉完善内部监督,结合系统内开展的各项教育学习整顿活动,进一步端正执法作风,杜绝了违纪违法。

管理上不护短，相继对有违纪苗头的人员诫勉谈话 3 人次，限期调离 1 人，做到了教育在先，防微杜渐；二是深入推行检务公开，主动接受外部监督。中层干部以上人员必须联系 1 名人大代表或政协委员，不断增强工作透明度，经常改进工作；三是结合软环境建设的需要，完善了办案纪律，向社会推出了服务软环境建设的 10 项承诺。这些措施的有效实施，使检察工作有效地置于人民的监督之下，保证了检察队伍 5 年来无违纪案件发生。

进一步强化了检察形象建设。紧密结合自身实际，大力开展了兴检德、树检风的形象建设活动，做到公正执法，严格执法，廉洁办案，文明办案。认真贯彻落实县委和上级院的号召，积极投身于社会公益、软环境治理和社会治安综合治理活动，时时以最广大群众的根本利益作为检察工作的出发点和落脚点，在社会上树立了良好的检察形象。

2003-2006 年，按照科学发展观的要求，把队伍建设和基础设施建设作为一项重大战略任务摆上日程，努力夯实可持续发展的坚实基础。

狠抓班子成员素能提升。通过理论中心组的学习和对检察工作实践的探索，班子成员的学习能力、调研能力不断提高，整体合力明显增强，健全集体议事决策机制，重大工作部署、财务支出、人事安排都经集体研究决定，党组的科学决策、民主决策能力进一步增强。健全班子民主生活会制度，坚持民主集中制和党风廉政建设责任制，廉洁从检的自觉性和制度化得到加强。班子成员想事、干事蔚然成风，身临一线、吃苦在前等表率作用发挥充分。

认真实施"素质兴检"工程。把学历培训与科技培训、岗位练兵有机结合起来，增强了培训工作的针对性和实效性。创新学习方式，充实学习内容，大力开展"学习型"创建活动。结合职能履行，深入开展检察调研活动，以理论创新带动工作创新。目前，全院大学本科以上学历人员已增至 44 人，占干警总数的 88%，研究生 1 名，在读研究生 4 名。获得国家计算机一级证书人员 46 人，占干警总数的 92%，参加上级院组织的各种培训 80 余人（次），全员学习能力和法律监督能力明显提高。

扎实开展思想政治工作。完善规范化管理，强化纪律约束，干警风纪不断改善。通过知识竞赛、演讲赛、理论研讨会、艺术活动、体育竞赛及体能训练等形式，丰富检察文化内涵。院党组创新思维、创新理念，提出了"健康生活，快乐工作；风清气正，昂扬奋进"的东辽检察文化基本理念，引导干警创新业绩，积极奉献，激发了队伍的内在活力。

2007-2011 年，以班子建设为统领，全面提升干警素能和管理水平。

大力加强领导班子建设。按照政治坚定、团结协作、勤政廉政、开拓创新的要求，切实抓好领导班子建设。坚持党组中心组学习制度，健全机关党建生活，强化班子内部监督，提高领导班子解决自身问题的能力。认真落实党风廉政建设责任制，完善重大事项报告和述职述廉制度，廉洁从检的自觉性和制度化得到加强。进一步弘扬求真务实的工作作风，推进学习力、执行力、和谐力建设，班子成员身先士卒、吃苦在前等表率作用得到充分发挥。

全面实施"文化育检"方针。制定并实施《关于加强检察文化建设的总体构想》和《东辽县人民检察院检察文化宣言》，形成了系统的检察文化建设体系，打造了以廉检文化为核心的优秀检察文化品牌。在全国检察文化建设座谈会上做大会发言。几年来，五次接待最高人民检察院组织的工作督查检查，督查检查组对我院文化建设均给予较高评价。

大力推进"素质兴检"工程。坚持把队伍建设作为检察工作的永恒主题，努力提升检察队伍整体素能。认真开展了信息化应用年、微机实用技能培训、书记员司考培训等活动，积极组织人员参加检察人才高端培训、岗位练兵和技能大赛活动。全院有 13 名干警通过司法考试，过关率居全省前列；5 人先后走上副科级领导岗位，另有 5 人被遴选到上级检、法两院工作；全院有 6 人被省院分别授予"吉林省检察业务专家"、"业务尖子"和"岗位能手"称号。

不断提高规范化建设水平。2008 年被高检院确定为"全国检察机关规范化管理机制改革试点单位"（全省两家）。院领导班子周密策划，强化培训，认真实施，2009 年又顺利实现了与标准化建设的高位对接，建立起具有东辽特色的科学、规范、统一的标准化管理体系，达到了"执法规范化、队伍专业化、管理科学化、保障现代化"的基本要求，为进一步提升法律监督能力，全面推进和谐检察建设提供了良好的体系保障。

2012 年，深入开展核心价值观教育，大力推进队伍建设。进一步打牢执法为民的思想基础。以政法干警核心价值观教育实践活动和县委组织开展的"解放思想大讨论、机关作风大整顿、工作业绩大考评"三项活动为载体，积极引导广大干警坚守司法良知，执着检察信念，公正廉洁执法，树立良好形象。同时做好与检察系统开展的核心价值观教育实践活动相结合，牢固树立"忠诚、为民、公正、廉洁"的核心价值理念；与"三帮扶"、"四走进"、"大走访"等活动相结合，牢固树立"群众利益无小事"的执法理念；与检察职业道德教育相结合，牢固树立"坚守良知、执着信念、润物无声、励志笃行"的职业道德理念；与检察文化建设和标准化建设相结合，牢固树立"六观"理念；与当前检察工作相结合，牢固树立"立检为公，执法为民"宗旨理念；用核心价值观和"三项活动"，丰富检察队伍建设内容，引导广大检察干警坚定理想信念，牢记全心全意为人民服务的宗旨。

进一步深化队伍建设的内涵实践。认真落实县委制定的"三项活动"总体要求，扎扎实实的开展工作，收到了明显成效。五月末，东辽县直机关党工委在我院召开了"开展特色活动，推进机关党建工作创新"现场会。坚持以"素质兴检"为目标，继续强化干警教育培训。先后组织多名业务尖子和骨干人员参加省院组织的高端人才培训班，组织全院干警集中学习新刑诉法，举办刑事案件论辩赛，进一步提高了干警的综合文化素质和检察业务技能。坚持以"从严治检"为约束，不断强化廉洁从检建设。通过政治理论学习、反腐倡廉教育等活动，培育干警廉洁从检意识，并从规范化管理入手增强内部监督，建全接受外部监督机制，对重点部门、重点人员进行有效监督，使廉洁从检建设持续得到增强。坚持以"文化育检"为重点，继续加强检察文化建设。对全院检察文化氛围进行了深层次的营造，成立了检察官文学艺术联合会，在全省检察系统率先开办了电子杂志《文化风景线》，经过几年的实践探索，提炼形成了具有东辽特色的检察文化建设理论体系，着力打造东辽检察文化建设品牌。

2013-2014年，积极推进队伍建设，着力夯实发展基础。

强化"五型机关"建设，牢固树立正确发展理念。院党组决定，在全院开展以服务型、学习型、创新型、文化型、廉洁型为主要内容的"五型机关"创建活动，并把创建活动与政法干警核心价值观教育等活动结合起来，引导检察干警牢固树立"公正、忠诚、清廉、文明"的道德理念和"立检为公，执法为民"的宗旨意识，确保实现检察工作健康发展。

强化素能强检建设，切实加强专业人才培养。先后组织29名业务尖子和骨干人员参加省院组织的高端人才培训班，还在院内组织开展了新刑诉法、新民诉法的培训及实战演练等活动，进一步提高干警的检察业务技能，为培养专业化检察队伍奠定了基础。

强化检察文化建设，着力提升发展软实力。为了进一步巩固我院检察文化建设成果，使其真正发挥寓教于乐的效果，在院主要领导和班子成员带动下，全院干警积极参加学习和调研活动，有20余篇质量较高的调研报告和理论文章，分别在《正义网》《警戒线》《辽源人大》和《检察论坛》等杂志上发表交流，有200余篇宣传稿件在中央、省、市等多家媒体上发表。同时，还组织开展了乒乓球赛、摄影书法作品展、歌曲创作和拔河比赛等文体活动，进一步陶冶情操、凝聚力量、激发活力，切实培养了广大干警自尊自信、理性平和、积极向上的良好心态。

强化纪律作风建设，不断深化廉洁从检理念。制定《东辽县人民检察院2013年自身反腐倡廉建设工作方案》，增强干警廉洁从检意识。自觉接受人大监督，主动向人大及其常委会报告工作，重视与人大代表的经常性联系。加强内部监督机制，严格规范执法行为，加强对自身执法活动的监督制约。建立内、外部监督相结合的工作机制，出台《东辽县人民检察院党组改进工作作风、密切联系群众具体办法》，精简会议文件，减少公务接待，降低接待标准，树立廉政新风。确保建设成一支品格高、纪律强、作风硬的检察队伍。

第二十二章

党的群众路线教育

按照中共东辽县委的统一部署和要求，东辽县人民检察院于2014年2月末开始，开展了第二批党的群众路线教育实践活动。在教育实践活动中，虚心接受县委第一督导组的严格督导，紧密结合我院工作实际，扎扎实实进行各个环节的工作，取得了较好的效果。

一、加强领导，认真做好活动安排和部署

县委党的群众路线教育实践活动动员大会后，院党组召开了专门会议，研究落实县委的安排和部署。

（一）成立组织机构

为切实加强对教育实践活动的组织领导，确保活动扎实推进、富有成效，成立了由院党组书记、检察长任组长的党的群众路线教育实践活动领导小组。领导小组下设办公室、督导组，办公地点设在院政治处，具体负责教育实践活动日常工作，确保教育实践活动按照计划，有序推进，取得实效。

（二）明确工作职责

制定了《领导小组办公室工作职责》；明确了组长、副组长、联络员工作的具体职责；规定了办公室"五项工作"；把工作任务落实到办公室的具体责任人。

（三）制定活动方案

突出执法为民、务实清廉的主题，按照"照镜子、正衣冠、洗洗澡、治治病"总要求和聚焦作风建设，坚决反对"四风"的具体要求，结合检察工作实际，研究制定了《东辽县人民检察院党的群众路线教育实践

活动实施方案》，明确了指导思想、基本原则、范围对象和方法步骤，确定了学习教育、广泛听取意见；查摆问题、认真开展批评；整改落实、建章立制等三个环节的主要任务。经报请县委第一督导组多次审阅同意后，将《方案》印发至领导班子成员、党总支、各支部和全院干警。

（四）认真动员部署

经过精心准备，2014 年 3 月 27 日，县检察院召开教育实践活动动员大会。院党组书记、检察长高东民作了动员讲话，安排部署了开展党的群众路线教育实践活动的工作。县委教育实践活动第一督导组组长出席会议并作了重要讲话，对院教育实践活动提出了具体要求。全院 43 名党员及在编干警、事业、工勤人员共 83 人参加动员，已离职的两位原副检察长也参加了动员大会。

（五）确定联系部门

为切实抓好党的群众路线教育实践活动，根据县委党的群众路线教育实践活动办公室的要求，结合我院实际，把机关党总支的三个党支部作为领导干部联系点，建立党组成员定期联系制度，深入群众，了解情况。

二、高标准、严要求，扎实做好各个环节工作

遵照县委的总体要求，按照所制定的《方案》，扎实有序开展了各个环节的工作。

（一）精心组织学习

院党组从抓学习入手，提高党员及全院干警对教育实践活动重要性

的认识。首先，确定好学习内容。按照县委的要求，在这次活动中，要学习贯彻习近平总书记系列讲话和党的十八大、十八届三中全会精神，深入落实省委十届三次、市委六届三次、县委十一届三次全会精神，落实中央八项规定和《党政机关厉行节约反对浪费条例》等规定，中发（2013）4号文件规定的学习内容，县委组织部下发的《论群众路线》《厉行节约反对浪费》书籍，辽源市委制作的《学习卡》等学习内容。其次，组织好学习活动。按照学习的要求，编排了学习活动安排表，按照临时布置的学习内容，组织穿插学习，使党组成员、党总支以及全院干警都能及时掌握学习内容。同时，每周组织党员观看系列电教片、影视片。最后，提出学习要求。采取组织学与自学相结合的方法，要求领导干部、党员及干警，及时参加集中学习，及时撰写学习笔记。为了学得实，记得牢、有效果，为全院党员、干警专门制发了学习笔记本，并定期进行检查。

（二）广泛征求意见

在第一、第二环节中，都开展了征求意见工作。明确重点范围。在征求意见活动中，制定了切实可行的《征求意见工作方案》，把征求意见的范围确定在县委、县人大、县政府、县政协、县纪委；确定在"两代表一委员"、县直机关和部分乡镇、社区；确定在被帮扶的企业、农村。重点征求在"四风"和不落实问题上的意见，把群众反映强烈的问题作为征求意见的重点。

强调真心实意。结合检察机关开展的"四走进"活动，党组成员深入到企业和致富能手家进行调研，听取群众意见建议；深入到被帮扶的企业、农村进行调研，听取基层干部的心声；深入到被帮扶的困难户家中座谈，积极征求各方意见。开展教育实践活动以来，党组成员深入基层共32人（次）。

及时梳理意见。党组成员带队，深入机关、乡镇、企业、学校、社区，共向"两代表一委员"及干部、群众发放征求意见函500余份，同时，向全院干警广泛征求意见。对征求的意见和建议进行了系统梳理，对党组的意见整理后，在党组会上进行认真研究；对党组成员的意见和建议原汁原味地反馈给本人，把这些意见作为整改过程中的重点整改内容。

（三）开展专项学习

按照县委的安排，深入开展学习焦裕禄精神，开展"七个一"活动，院党组带头学习习近平同志系列重要讲话精神，学习焦裕禄同志的事迹材料，开展"三严三实"大讨论和"六查六看"活动，重温入党誓词。通过一系列的学习教育，凝聚了党组和党员干部思想共识，明确了检察工作方向，奠定了发展检察事业的政治基础，坚定了"为民、务实、清廉"的检察理念，促进了全院党员干警政治思想觉悟的进一步提高，体现了开展活动立竿见影的效果，促进了政治理论学习的常态化、长效化。

（四）强化专项整治

院党组高度重视专项整治工作的开展，专门召开会议，研究部署"庸懒散奢和软弱涣散"专项整治工作，制定了工作方案。在自查阶段，对照专项整治办法中的6个方面37个问题，广泛征求意见，认真自查，经过梳理汇总为6个方面存在12个问题。召开了全院干警大会，由纪检组长通报了我院干警在"庸懒散奢和软弱涣散"方面存在的问题，进一步重申院党组治理"庸懒散奢和软弱涣散"的决心和勇气。对自查出的问题落实相关部门和人员提出整改意见和措施。

（五）开好党组生活会

在制定方案、征求意见、会前学习、谈心交心、撰写材料的基础上，经报请县委组织部、县委教育实践活动领导小组同意，于 2014 年 7 月 21 日召开了院党组教育实践活动专题民主生活会。辽源市委、县委督导组、县委组织部领导全程参加并指导、把关。县检察院 6 位党组成员，按照惯例先后进行自我剖析，相互间开展批评。非党副检察长、院教育实践活动办公室同志列席会议。

为开好班子专题民主生活会，院党组精心做了各项准备工作：一是制定工作方案。按照县委的部署要求，在县委第一督导组的具体指导下，认真制定了《县检察院开展第二环节活动实施方案》和《专题民主生活会方案》、《谈心交心方案》，明确了会议主题、程序、步骤和基本要求等内容。二是广泛征求意见。在教育实践活动的第一、第二环节中，院党组及班子成员分别走访了部分乡镇、企业、县直机关、社区，采取群众提、自己找、上级点、互相帮、集体议五种方式，开门听取意见，查摆党组和党组成员的突出问题，共梳理出党组存在的问题 13 条、党组成员存在的问题 53 条。三是认真组织学习。在前段普遍学习和专题学习的基础上，做到"四个重点学习"，即重点学习党章、习近平总书记系列讲话精神；重点学习张高丽副总理在农安调研时的讲话和省、市、县委领导同志的重要讲话精神；重点学习中央、省委、市委和县委规定文件和学习材料；重点学习焦裕禄的模范事迹。通过学习，进一步触动了灵魂，统一了思想，凝聚了共识。四是深入谈心交心。按照"四必谈"的要求，在撰写对照检查材料前和对照检查材料形成后，分别开展了两轮谈心交心活动,党组成员与县委第一督导组成员之间、党组成员之间、党组成员与干警之间,普遍开展了谈心交心活动。通过谈心,谈开了问题、谈透了意见、谈通了思想,为开好党组专题民主生活会打牢了思想基础。五是撰写剖析材料。院党组和党组成员根据生活会的主题和反馈的意见,结合实际,进行深刻反思和自我剖析,形成了对照检查材料,在征求各方意见基础上,所有对照检查材料都反复修改了6稿以上。经县委督导组严格审核,全部通过。

院党组专题民主生活会的召开,达到了预期目的。党组成员在思想上受到了一次深刻洗礼,灵魂上受到了一次深刻触动,信念上得到了一次深度唤醒,展现出了党内生活、作风建设的新气象。一是自我批评真实深刻。院党组成员逐个开展了自我批评,开门见山、直奔主题,不绕、不空、不假、不夸、不浅、不虚。各位同志结合岗位职责和成长经历,分析问题见事见人见思想,从具体问题中剖析思想根源,针对问题提出具体整改措施。共查摆出遵守党的政治纪律方面问题15条、贯彻中央八项规定方面问题7条、"四风"等方面问题59条,平均每人10条左右,每名党组成员在每一"风"中都列出了至少两条以上具体问题。二是剖析根源触及灵魂。针对查摆出来的问题,院党组深刻反省剖析了对作风建设的重要性缺乏深刻认识、世界观、人生观、价值观改造不够彻底等五个方面产生问题的思想根源,并从加强作风建设的紧迫感、切实把上级党委的部署落到实处、加强理论武装和党性锻炼、进一步强化宗旨意识和站稳群众立场等六个方面,明确了今后努力方向和整改措施。针对查摆出来的问题和思想上的"病灶",党组成员还为自己开方下药,明确整改方向和措施,公开承诺,为整改提高确立了坐标、提供了遵循。三是开展批评有辣味。院党组和党组成员自觉贯彻整风精神,放下顾虑,开门见山，不兜圈子，不绕弯子，真刀真枪，直指"四风"，直指"病灶"，严肃认真地开展相互批评，进行积极健康的思想交锋，既有不留情面的思想批判，又有发自内心的真诚提醒，达到了团结——批评——团结的目的。党组成员共提出互相批评意见44条。被批评的同志都"红了脸、出了汗"，但每位同志都能够虚心接受，体现了应有的党性、境界和素养。四是领导督导及时有力。从专题民主生活会筹备开始，院党组始终把这项工作牢牢抓在手上，落实在行动上。县委始终给予了强有力的领导和指导。县教育实践办和县委第一督导组先后多次认真审核我院方案、院党组和党组成员对照检查材料、开展批评意见的提纲，3次提出了29条修改意见。

（六）开好组织生活会

按照县委统一部署，院党组于8月18日召开了党的群众路线教育实践活动专题组织生活会。院党组织机构为党总支，下设3个党支部，有党员33名，30名党员参加了会议（3名党员外出办案）。各党支部高度重视，在会前做了系统、全面的准备工作。按照"四必谈"要求，各党支部成员紧紧围绕"四风"、关系群众切身利益问题和联系服务群众"最后一公里"问题，先后开展了谈心、交心活动。3个党支部共谈心70余人次，其中：党组成员与所在党支部的党员谈心19次。3个党支部书记认真撰写个人对照检查材料，普通党员撰写了对照检查材料提纲，力求把脉准、像自己、有深度。院党组书记、检察长高东民，对3个支部书记的对照检查材料进行了认真审核并提出修改意见。每名党员的对照检查材料也经过所在党支部的党组成员进行了审核。党组6名成员全部参加了所在党支部召开的组织会议，在会议上，能够根据每个党员的查摆情况，提出中肯的批评意见和建议。党员共查摆"四风"等方面问题26条，提出相互批评意见12条，整改措施15条。党员自我批评敢于揭短亮丑，深刻剖析自身存在的问题，深挖根源触及灵魂，联系成长进步经历、联系思想工作实际，从理想信念、宗旨意识、党性修养、政治纪律和"三严三实"要求等方面剖析根源，认清危害；相互批评不绕弯子，直接谈出表现，指出问题，辣味很浓，被批评的同志普遍都能够正确对待，以闻过则喜、有则改之、无则加勉的态度虚心接受；认真提出整改措施，做到努力方向明确，整改措施具体。专题组织生活会议氛围既严肃认真，又健康活跃，达到了预期效果。

（七）认真进行整改

院党组在认真学习，提高思想认识的基础上，对院党组、党组成员自身查摆和干部群众反映出的问题列出了查摆清单。院党组方面查摆和提出的问题38条（第一批13条、第二批10条、第三批15条）；党组成员方面查摆和提出的问题92条、（第一批16条、第二批11条、第三批65条）。查摆和提出的问题集中反映在工作作风、工作方法、服务理念、工作动力、艰苦奋斗思想、官僚主义、形式主义、政绩观、生活、工作条件等方面。

到目前，列入第一、第二批整改清单的问题已基本解决。院党组在专题民主生活会之后，针对第三批整改清单的15个问题，采取积极有力的措施，在着重解决班子建设、队伍建设、服务全县大局、服务群众、解决"最后一公里"问题的同时，制定措施，落实责任制，迅速开展工作，已经完成整改9条，其余6条需要长期坚持改进。党组成员列入第三批整改的65个问题，以完成整改45条，其余20条将按时限要求完成整改。

（八）建立完善制度

根据整改工作的要求，对全院的各种规章制度进行认真审查，确定了废除、修改、新建等内容的工作意见、工作制度，尤其是在服务大局、关注民生等方面的规章制度，要符合实际，适应工作需要。对自行制定的制度进行了审核，已经废除的制度有 5 项，即："年终岗位责任制考核奖惩制度"、"调研宣传奖励制度"、"司法考试奖励制度"、"获得荣誉奖励规定"及"干警福利待遇相关规定"。在废除这些制度的同时，紧紧围绕"公正、为民、务实、清廉"这个主题，在全院干警中做好宣传教育工作，统一思想，鼓舞工作热情，保证各项检察工作正常顺利开展。同时，着眼于从根本上解决"四风"、涉及群众切身利益、联系服务群众"最后一公里"方面存在的问题，重点建立和完善 17 项规章制度（其中：建立 8 项制度，完善和修改 9 项制度），院党组明确提出要求，建立修改和完善的各项制度，要紧密结合检察工作实际，要有针对性、可操作性、实效性，并认真落实执行，巩固和发展教育实践活动成果，实现检察工作的制度化、规范化。

（九）巩固活动成果

根据县委的要求，认真开展"回头看"工作。我院在每一环节结束后，都做到及时认真加以总结，做到"一步一回头"。及时审视和检查教育实践活动的成效，有针对性地解决活动中可能存在的虚、空、偏问题。如，在第一环节中，3 月 14 日，第一督导组调度会议后，院党组召开了党组扩大会议，原原本本的传达了会议精神，对征求意见工作及时组织"回头看"，采取坚决措施，把征求意见工作做的扎扎实实。在整改问题环节中，院党组对查摆出的问题进行深刻反思，对查摆不到位、问题查得不全等弊端进行重新查找，使问题查得全、查得准，不留隐患。

三、教育实践活动取得的主要成果

党的群众路线教育实践活动使广大党员干部经历了思想的洗礼，思想自觉得到明显提升。在活动开展初期，个别同志或多或少会有一些"自我感觉良好"的思想倾向，觉得"四风"问题离我很远、与己无关。通过狠抓思想教育，通过反复学、时时讲，破解轻视思想、观望心理、敷衍态度和担心情绪，全面提升党员干部的思想自觉性，将思想认识与党中央保持高度一致，进而通过"思想自觉"带动"行动自觉"；宗旨意识得到明显加强。随着教育实践活动的深入开展，全院党员干部执法为民的使命感和责任感进一步增强，宗旨意识进一步强化，对作风方面存在的问题更加警醒，以高度的思想自觉，对作风之弊、行为之垢做一次彻底的大排查、大检修、大扫除。

（一）党组织的堡垒作用明显增强

党组专题民主生活会的召开，凝聚了党组成员的心。通过广泛征求意见，每一位党组成员知道了自己在群众心目中的地位；通过开展谈心活动，知道了群众对自己的希望和要求；通过开展批评与自我批评，找出了自身存在的问题和缺点，达到沟通、改进、配合、支持、团结的目的，真正形成了合力；通过党员对照检查、开展谈心、相互开展批评与自我批评、谈心活动，使组织生活会开的生动活泼，新老干警加强了相互了解，增进了团结，激发了热情，党员队伍更加朝气蓬勃。经过民主评议，群众对党员达到最佳满意度。

（二）思想和工作作风有了明显转变

经过群众路线教育，无论是领导干部，还是普通干警，都以崭新的姿态投入学习和工作。

学习风气显著增强。全院干警都能按照规定的学习内容认真学习，坚持记学习笔记。教育实践活动伊始，教育活动办公室按照县活动办的要求，制定了学习计划、安排了学习内容，如在专题学习焦裕禄精神过程中，组织观看了电教片，学习了焦裕禄同志的先进事迹，尤其是年轻干警学习之后激动不已，深深为焦裕禄精神所鼓舞。

纪律作风得到改善。从教育实践活动开始，院领导、党员、中层干部带头，认真遵守各项纪律和制度，杜绝了存在的迟到早退、工作时间玩游戏、办私事、脱岗、中午陪客饮酒、"八小时外"酗酒、参与社会赌博等现象，保证了机关正常工作秩序。

工作作风明显好转。在教育实践活动中，针对执法机关共存的"门难进、脸难看、话难听、事难办"的"衙门"作风，进行了专项整治，呈现在群众面前的是接待群众态度和蔼、咨询、询问说理到位，到检察院办事有专人接待、引领，尤其是对案件当事人，做到法律宣传解释到位、教育与正确引导入情、入理、合法，杜绝了"问事难""说上句"等现象发生。

（三）推动和促进了各项检察工作的开展

在教育实践活动期间，党组成员边参加活动，边开展工作，把教育实践活动与检察业务工作紧密联系在一起，用活动推进工作，用工作巩固成果。

刑事检察工作重点打击严重暴力、涉黑涉毒、两抢一盗、侵害儿童、环境污染等危害人民群众生命财产安全的犯罪活动。活动开展以来，侦监部门共受理公安机关移送审查逮捕案件 34 件 36 人，经审查批准逮捕 31 件 33 人，不批准逮捕 3 件 3 人，办理延长侦查羁押期限 4 件 4 人。公诉部门共受理公安机关、本院自侦部门移送审查起诉及上级院指定办理案件 98 件 152 人，起诉 59 件 79 人，不起诉 9 件 10 人，移送上级院 1 件 1 人，有力地保障了社会稳定。贯彻宽严相济刑事政策，对社会危害性不大且轻微犯罪的 3 人做出了不批捕决定，对 10 人做出了不起诉决定。有效地减少了社会矛盾对抗，增进了社会和谐稳定。

严厉查办职务犯罪案件取得丰硕成果。反贪部门共受理案件线索 27 件，经审查立案 23 件 24 人，其中：大案 4 件 5 人，贪污案件 2 件 3 人，行贿案件 5 件 5 人，受贿案件 16 件 16 人，为国家挽回直接经济损失 90 余万元。所立案件中，涉及教育领域专项案件 17 件 17 人。2014 年 4 月，我院积极参与由县纪委监察局牵头开展的国家政策资金及各类专项资金使用管理情况专项整治活动，认真领会精神，制定得力措施，在查办行业性、系统性职务犯罪案件中发挥了应有的作用。

反渎部门把当前关系群众切身利益问题、群众反映强烈的"三农"、教育、就业、征地拆迁、社会保障、财政专项补贴、医保、保障性住房、公共交通、金融安全等作为专项工作的重点，共调查核实渎职侵权案件 10 余件，立案 3 件 3 人。

（四）党群、干群关系得到明显改善

在群众路线教育实践活动中，进一步强化了群众监督评价机制，拓宽了党群、干群联系与沟通的渠道。如，对贫困群众、学生进行帮扶，开展检企共建活动、领导干部建立联系点活动等。同时注重解决群众关

心的热点、难点问题，认真倾听群众呼声，突出抓了一些与群众生产生活密切相关的难点问题，密切了党群关系、干群关系，提高了在人民群众中的威信，增强了吸引力和凝聚力。一批事关人民群众切身利益的突出问题得到初步解决，立检为公、执法为民的要求进一步落实。

（五）制度建设的长效机制得到初步确立

活动期间，院党组始终考虑制度建设的确立，把整改的制度与检察工作"规范化建设"相衔接，使各项检察工作的制度机制进一步适应新时期检察工作的发展。一方面把作风建设、队伍建设、能力建设等内容纳入制度轨道，以行得通、指导有力、能长期管用的制度将活动成果和成功经验固化下来；另一方面推动了制度"废、改、立"工作的经常化、长效化，确保宗旨意识得到全面、持续地体现。

总体来看，开展党的群众路线教育实践活动以来，严格落实上级部门的各项部署，密切联系实际，早谋划、早起步、早落实。活动开展的过程求实、方向求准、标准求严、效果求真，既锤炼了干部队伍的思想作风，又推动了各项检察工作的开展。

第二十三章
表彰奖励

伴随着东辽县检察院恢复重建 30 年的发展历史，经过历届东辽检察人的不懈奋斗，取得了令人瞩目的成绩。特别是 90 年代以后，东辽县人民检察院及所属各部门和工作人员在市级以上单位立功受奖 205 次。其中：荣立集体三等功 9 次；集体受各种奖励 76 次；荣立个人三等以上 37 人（次）；个人受各种奖励 83 次。被国家文明委授予"全国文明单位"；被最高检评为全国先进基层检察院、确定为规范化建设管理机制试点单位、评为全国检察机关司法警察编队管理示范单位、评为全国检察机关文化建设示范院；被省院评为全省十佳基层检察院、确定为检察机关文化建设特色院；被省委评为全省优秀基层党组织；被市委授予"优秀基层党组织标兵"；检察长高东民被省院评为吉林省首届"杰出检察官"荣誉称号。

附：1. 东辽县人民检察院集体立功情况表（县级以上）；

2. 东辽县人民检察院集体受奖情况表（县级以上）；

3. 东辽县人民检察院个人立功情况表（县级以上）；

4. 东辽县人民检察院个人受奖情况表（县级以上）；

5. 各职能部门在本院立功、受奖情况表；

6. 县院工作人员在本院立功、受奖情况表。

东辽县人民检察院集体立功情况表（县级以上）

立功单位（集体）	立功等级	授予单位	立功事由	时间
刑检二科	三等功	辽源市检察院	年度奖	1995
刑检二科	三等功	辽源市检察院	年度奖	1995
反贪局	三等功	辽源市检察院	年度奖	1996

续表

立功单位（集体）	立功等级	授予单位	立功事由	时间
刑检一科	三等功	辽源市检察院	年度奖	1996
反贪局	三等功	吉林省检察院	年度奖	2000
反贪局	三等功	辽源市检察院	年度奖	2002
东辽县检察院	三等功	辽源市检察院	严打整治	2003
反贪局	三等功	辽源市检察院	年度奖	2004
公诉科	三等功	辽源市检察院	年度奖	2010

东辽县人民检察院集体受奖情况表（县级以上）

受奖集体	奖励名称	颁奖单位	时间
刑检一科	十佳批捕科	吉林省检察院	1998
党支部	先进基层党组织	中共东辽县委	1999
东辽县检察院	政法工作先进集体	中共东辽县委	2001
齐立平、菅光元办案组	优秀办案组	辽源市检察院	2001
宋军、杨永军办案组	优秀办案组	辽源市检察院	2001
反贪局	基层院优秀反贪局	吉林省检察院	2001
反贪局	优胜反贪局	吉林省检察院	2002
东辽县检察院	人民满意政法单位	省政法委、省院	2002

续表

受奖集体	奖励名称	颁奖单位	时间
东辽县检察院	计财装备先进集体	吉林省检察院	2003
控申举报接待室	文明接待室	吉林省检察院	2003
东辽县检察院	先进基层检察院	辽源市检察院	2003
东辽县检察院	先进基层检察院	吉林省检察院	2003
东辽县检察院	先进基层检察院	辽源市检察院	2004
东辽县检察院	先进基层检察院	吉林省检察院	2004
侦监科	立案监督十佳单位	吉林省检察院	2004
东辽县检察院	先进检察院	辽源市检察院	2005
东辽县检察院	电子化档案管理竞赛二等奖	省院办公室	2005
东辽县检察院	精神文明先进单位	吉林省文明委	2006
反渎局	办案工作先进单位	省院反渎局	2006
控申科	文明接待室	吉林省检察院	2007
党总支	五好党支部	中共辽源市委	2007
反渎局	办案工作先进单位	省院反渎局	2008
东辽县检察院	两房建设先进单位	吉林省检察院	2008
东辽县检察院	学习型先进集体	辽源市检察院	2008

续表

受奖集体	奖励名称	颁奖单位	时间
东辽县检察院	全省检察机关标准化档案室二级	吉林省检察院	2008
东辽县检察院	档案工作优胜单位	东辽县档案局	2008
反贪局	模范集体	辽源市委、市政府	2009
东辽县检察院	吉林省文明单位	吉林省文明委	2009
东辽县检察院	全国先进基层院	最高人民检察院	2009
东辽县检察院	优秀基层党组织标兵	中共辽源市委	2009
东辽县检察院	十佳基层检察院	吉林省检察院	2009
东辽县检察院	吉林省档案工作优秀集体	吉林省档案局	2009
东辽县检察院	先进基层检察院	吉林省检察院	2007
法警队	司法警察编队管理示范单位	最高人民检察院	2010
东辽县检察院	先进检察院	辽源市检察院	2010
东辽县检察院	优秀基层党组织	中共东辽县委	1996—2010
东辽县检察院	机关档案工作规范化管理优秀奖	吉林省档案局	2010
东辽县检察院	模范集体	中共东辽县委	2010

续表

受奖集体	奖励名称	颁奖单位	时间
东辽县检察院	基层检察新闻宣传工作先进单位	吉林省检察院	2010
东辽县检察院	民行检察优秀基层院	吉林省检察院	2010
侦监科	侦监工作先进单位	省院侦监一处	2010
东辽县检察院	保密工作先进单位	东辽县委保密委	2010
东辽县检察院	保密工作先进单位	东辽县委保密委	2011
东辽县检察院	全市档案工作先进集体	市人社局、市档案局	2011
东辽县检察院	全省机关档案工作管理示范单位	吉林省档案局	2011
政治处	辽源市五一劳动奖状	辽源市总工会	2011
东辽县检察院	"五五"普法依法治理先进单位	辽源市委、市政府	2011
东辽县检察院	优秀基层党组织	中共吉林省委	2011
东辽县检察院	全国文明单位	中央文明委	2011
东辽县检察院	全国检察文化建设示范院	高检院政治部	2012
东辽县检察院	省检察机关标准化建设示范院	省院政治部	2012
东辽县检察院	省检察机关文化建设特色院	省院政治部	2012

续表

受奖集体	奖励名称	颁奖单位	时间
东辽县检察院	军警民共建精神文明先进单位	省文明委	2012
宣传科	新闻宣传优秀基层院	省院政治部	2012
宣传科	检察机关新闻宣传十佳基层院	省院政治部	2012
东辽县检察院	先进基层党组织	中共东辽县委	2012
侦监科	立案监督十佳单位	省院侦检处	2013
东辽县检察院	优秀青少年维权岗	吉林省检察院	2013
反贪局	专项办案工作进步奖	省院反贪局	2013
反渎局	办案工作十佳基层局	省院反渎局	2013
反渎局	专项工作标兵单位	省院反渎局	2013
反渎局	办案工作勇于开拓成果突出单位	省院反渎局	2013
院领导班子	优秀等次领导班子	中共东辽县委	2013
政治处	"中国梦、检察梦、青春梦"演讲赛优秀组织奖	辽源市检察院	2013
女检察官工作站	"墨香三八、牵手幸福"征文优秀奖	辽源市检察院	2013
东辽县检察院	十佳民事检察基层院	吉林省检察院	2014

东辽县人民检察院个人立功情况表（县级以上）

姓名	工作部门	立功等级	授予单位	时间
马金刚	刑检二科	三等功	辽源市检察院	1995
杨永军	反贪局	三等功	辽源市检察院	1995
杨 威	反贪局	三等功	辽源市检察院	1995
陈景联	副检察长	三等功	辽源市检察院	1996
黄林凯	办公室	三等功	辽源市检察院	1996
王佐跃	纪检组长	三等功	辽源市检察院	1996
赵海涛	副检察长	三等功	辽源市检察院	1996
赵铁汉	刑检二科	三等功	辽源市检察院	1996
张雅贤	民行科	三等功	辽源市检察院	1996
杨 威	监所科	三等功	吉林省检察院	1997
李 昕	控申科	三等功	辽源市检察院	1997
屈秀英	刑检二科	三等功	辽源市检察院	1997
刘殿石	办公室	三等功	辽源市检察院	1997
许建军	法纪科	三等功	辽源市检察院	1998
张柱奎	刑检一科	三等功	辽源市检察院	1998
邹彩霞	起诉科	三等功	辽源市检察院	1999
张柱奎	批捕科	三等功	辽源市检察院	1999

续表

姓 名	工作部门	立功等级	授予单位	时间
王 斌	反贪局	三等功	辽源市检察院	1999
王 斌	反贪局	三等功	吉林省检察院	2000
史海清	起诉科	三等功	吉林省检察院	2000
张柱奎	侦监科	三等功	吉林省检察院	2000
赵海涛	副检察长	三等功	辽源市检察院	2001
王路林	渎检科	三等功	辽源市检察院	2001
马金刚	公诉科	三等功	辽源市检察院	2001
周丽华	侦监科	二等功	吉林省委政法委	2003
马金刚	公诉科	三等功	辽源市检察院	2004
高东民	市院渎检处	三等功	辽源市检察院	2006
王 斌	反贪局	三等功	辽源市检察院	2006
李四清	侦监科	三等功	辽源市检察院	2006
时玉环	公诉科	三等功	辽源市检察院	2006
马金刚	专职检察委员、公诉科长	二等功	吉林省检察院	2012
时玉环	民行科	二等功	吉林省检察院	2012
王 斌	反贪局	三等功	吉林省检察院	2012
李铁平	预防科	三等功	吉林省检察院	2013

续表

姓名	工作部门	立功等级	授予单位	时间
周学敏	反贪局	嘉奖	吉林省检察院	2013
张梓楠	公诉科	嘉奖	吉林省检察院	2013

东辽县人民检察院个人受奖情况表（县级以上）

姓名	工作部门	奖励名称	颁奖单位	时间
周丽华	刑检一科	十佳批捕科长	吉林省检察院	1998
邹彩霞	办公室	优秀党的机关工作者	中共东辽县委	1998
史海军	法纪科	优秀党的机关工作者	中共东辽县委	1998
张雅贤	政治处	优秀党的机关工作者	中共东辽县委	1998
李四清	控申科	优秀党的机关工作者	中共东辽县委	1998
齐立平	政治处	优秀党的机关工作者	中共东辽县委	1998
杨永军	反贪局	优秀党的机关工作者	中共东辽县委	1998
杨君铭	办公室	优秀党的机关工作者	中共东辽县委	1998
褚祥臣	副检察长	优秀党员	中共东辽县委	1999
毕长有	党总支	优秀党务工作者	中共东辽县委	1999
王宪邦	检察长	政法工作先进个人	中共东辽县委	2001
赵海涛	副检察长	政法工作先进个人	中共东辽县委	2001
史海军	法纪科	政法工作先进个人	中共东辽县委	2001

续表

姓 名	工作部门	奖励名称	颁奖单位	时间
王路林	民行科	政法工作先进个人	中共东辽县委	2001
王 斌	反贪局	优秀侦查员	辽源市检察院	2001
王宪邦	检察长	人民满意政法干警	省政法委、省院	2001
王路林	渎检科	人民满意政法干警	省政法委、省院	2002
赵铁汉	反贪局	人民满意政法干警	省政法委、省院	2002
陈景联	副检察长	人民满意政法干警	省政法委、省院	2002
周丽华	侦监科	人民满意政法干警	省政法委、省院	2002
周丽华	侦监科	优秀党的机关工作者	中共东辽县委	2002
马金刚	公诉科	优秀党的机关工作者	中共东辽县委	2002
毕长有	党总支	优秀党的机关工作者	中共东辽县委	2002
史海军	法纪科	优秀党的机关工作者	中共东辽县委	2002
齐立平	政治处	优秀党的机关工作者	中共东辽县委	2002
李 昕	控申科	优秀党的机关工作者	中共东辽县委	2002
王路林	渎检科	优秀党的机关工作者	中共东辽县委	2002
王 斌	反贪局	优秀党的机关工作者	中共东辽县委	2002
王 斌	反贪局	优秀侦查员	辽源市检察院	2002
齐立平 菅光元	办案组	优秀办案组	辽源市检察院	2002

续表

姓名	工作部门	奖励名称	颁奖单位	时间
毕长有	党总支	优秀党务工作者	县直机关党工委	2002
修树海	控申科	优秀共产党员	县直机关党工委	2002
张同新	侦监科	优秀共产党员	县直机关党工委	2002
周丽华	批捕科	优秀女检察官	省院、省妇联	2002
周丽华	侦监科	职业道德标兵	省院政治部	2002
宋军	反贪局	打处"法轮功"先进个人	县委、县政府	2003
赵铁汉	反贪局	政法系统十佳干警	县委、县政府	2003
王路林	渎检科	政法系统十佳干警	县委、县政府	2003
王路林	渎检科	优秀侦查员	省院渎检处	2003
马金刚	公诉科	十佳检察官	辽源市检察院	2006
周丽华	侦监科	十佳检察官	辽源市检察院	2006
肖飞	办公室	全省机关档案工作先进个人	吉林省档案局	2011
迟月秋	计财科	辽源市首届"十佳女检察官"	辽源市女检察官协会	2011
迟月秋	计财科	全市检察机关纪念建党89周年主题征文一等奖	辽源市检察院	2011
初一	公诉科	优秀办案能手	吉林省检察院	2012
时玉环	民行科	标准化建设先进个人	省院政治部	2012

姓名	工作部门	奖励名称	颁奖单位	时间
吴玉华	办公室	吉林省优秀志愿者	省志愿者协会	2012
邹彩霞	党总支	吉林省优秀志愿者	省志愿者协会	2012
邹仁贵	副检察长	"为民、务实、清廉"书画三等奖	省院政治部	2013
王路林	副检察长	优秀等次县管领导干部	中共东辽县委	2013
李秀林	政治处主任	"为民、务实、清廉"书画三等奖	省院政治部	2013
王广东	监所科	优秀派驻检察员	省院检所处	2013
梁晨曲	侦监科	优秀侦监检察官竞赛一等奖	辽源市检察院	2013
郭 祺	公诉科	公诉人与律师辩论赛一等奖	辽源市检察院	2013
郭 祺	公诉科	审查起诉业务竞赛优秀奖	辽源市检察院	2013
杜 杨	宣传科	女检察官征文一等奖	省院女检察官协会	2013
曹 颖	公诉科	审查起诉业务竞赛优秀奖	辽源市检察院	2013
王莹莹	案管办	"中国梦、检察梦、青春梦"演讲一等奖	辽源市检察院	2013
王莹莹	案管办	"墨香三八、牵手幸福"征文优秀奖	辽源市检察院	2013
张黎鸣	办公室	"中国梦、检察梦、青春梦"演讲二等奖	辽源市检察院	2013
张黎鸣	办公室	"墨香三八、牵手幸福"征文优秀奖	辽源市检察院	2013

东辽县人民检察院本院表彰的集体荣誉表

单位（集体）	奖励名称	授予单位	时间
反贪污贿赂局	先进集体	东辽县检察院	1998
审查起诉科	先进集体	东辽县检察院	1998
审查起诉科	先进集体	东辽县检察院	1999
法纪检察科	先进集体	东辽县检察院	1999
反贪污贿赂局	先进集体	东辽县检察院	2000
审查起诉科	先进集体	东辽县检察院	2000
检察技术科	先进集体	东辽县检察院	2000
反贪污贿赂局	先进集体	东辽县检察院	2001
侦查监督科	先进集体	东辽县检察院	2001
公诉科	先进集体	东辽县检察院	2001
民行科	先进集体	东辽县检察院	2001

东辽县人民检察院本院表彰的个人荣誉表

姓名	工作部门	奖励名称	授予单位	时间
周丽华	刑检一科	优秀党务工作者	东辽县检察院	1997
史海清	刑检二科	优秀党务工作者	东辽县检察院	1997
李秀林	政工科	优秀党务工作者	东辽县检察院	1997
王路林	反贪局	优秀党务工作者	东辽县检察院	1997

姓名	工作部门	奖励名称	授予单位	时间
陈棋媛	办公室	优秀党务工作者	东辽县检察院	1997
王 斌	刑检一科	优秀党务工作者	东辽县检察院	1997
周丽华	批捕科	优秀公务员	东辽县检察院	1999
黄林凯	办公室	优秀公务员	东辽县检察院	1999
李 昕	控申科	优秀公务员	东辽县检察院	1999
毕长有	政工科	优秀公务员	东辽县检察院	1999
许建军	法纪科	优秀公务员	东辽县检察院	1999
史海清	起诉科	优秀公务员	东辽县检察院	1999
杨永军	反贪局	优秀公务员	东辽县检察院	1999
菅光元	反贪局	优秀公务员	东辽县检察院	1999
毕长有	政工科	先进个人	东辽县检察院	2000
周丽华	批捕科	先进个人	东辽县检察院	2000
马金刚	起诉科	先进个人	东辽县检察院	2000
史海军	法纪科	先进个人	东辽县检察院	2000
李 昕	控申科	先进个人	东辽县检察院	2000
王路林	民行科	先进个人	东辽县检察院	2000
王 斌	反贪局	先进个人	东辽县检察院	2000
齐立平	反贪局	先进个人	东辽县检察院	2000

第二十四章
大事记

1984 年

3 月 12 日,恢复组建东辽县人民检察院。地址: 辽源市西宁大街 61 号。

3 月 20 日,经县委研究,同意成立东辽县人民检察院检察委员会。本届检察委员会由 5 人组成。

4 月 12 日,东辽县第九届人民代表大会第一次会议,选举赵振清同志为东辽县人民检察院检察长。

5 月 11 日,县委决定建立中共东辽县人民检察院党组。

7 月 19 日,中共东辽县直属机关党工委批准成立东辽县人民检察院机关党支部委员会,支部委员由 5 人组成。

1996 年

1 月 15 日,东辽县第十三届人民代表大会第四次会议,选举刘国安同志为东辽县人民检察院检察长。

1998 年

12 月 11 日,中共东辽县委文件(东委发〔1998〕36 号),县委决定:王宪邦同志任东辽县人民检察院党组书记。

1999 年

1 月 9 日,东辽县第十三届人民代表大会第二次会议,选举王宪邦同志为东辽县人民检察院检察长。

3 月 10 日,召开"东辽县人民检察院 1999 年检察工作会议",市院检察长张海胜、县委书记史发臣、县长薛金安、副书记尤才出席并分别讲话,县人大主任王维兴、县政协主席麻广林、县委常委纪委书记华永利、县委常委、政法委书记姜宝山出席会议，检察长王宪邦做工作报告并与各位副检察长签订责任状，副检察长褚祥臣主持会议。

2000 年

5 月 19 日，召开"东辽县人民检察院'三讲'教育工作动员大会"，省院副检察长吕英儒、县委副书记尤才出席并讲话，省院政治部李克逊、市院副检察长许延河、政治部主任于伟光、县政法委副书记孙万录、县委组织部干部科长王振东及巡视组成员出席会议，检察长王宪邦作动员讲话，副检察长褚祥臣主持会议。

7 月 9 日，省院检察长索维东、市院检察长张海胜、县委副书记尤才、省委巡视组副组长曲永臻参加县院领导班子"三讲教育"专题民主生活会并分别讲话，县委"三讲"办同志参加，检察长王宪邦主持生活会。

2001 年

4 月 4 日，中共东辽县委组织部文件（东组函〔2001〕3 号），经研究，同意成立东辽县检察院党总支，隶属县直机关党委。

12 月 12 日，党组书记、检察长王宪邦主持召开"东辽县人民检察院机构改革动员大会"并作动员讲话，副检察长李国岩主持会议并宣读方案。

2002 年

12 月 30 日，根据吉编办函（2002）19 号和辽编办函（2002）1 号文件精神，原政工人事科更名为政治处、原刑事检察一科更名为侦查监督科、原刑事检察二科更名为公诉科、原法纪检察科更名为渎职侵权检察科、取消原监所检察科、增设机关党总支，作废原内设机构印章 5 枚，同时启用内设机构印章 6 枚。

2003 年

12 月 25 日，召开"东辽县人民检察院中层干部竞聘上岗、干警双向选择大会"，检察长王宪邦讲话，副检察长李国岩主持会议。

2004 年

2 月 26 日，召开"东辽县人民检察院 2004 年检察工作会议"，市院副检察长王积发、县委副书记杨建国出席会议并分别讲话，市院政治部主任陈艳、县委常委、政法委书记贾丹凤、县人大副主任刘景荣、县政协副主席张发玉出席会议，检察长王宪邦做工作报告，副检察长李国岩主持会议。会上，县政法委和县检察院联合表彰了 5 个"树先进"先进科室、10 个"树先进"先进个人，通报了 2003 年度获得上级表彰的集体和个人。

9 月 23 日，举行"东辽县人民检察院首届人民监督员聘任仪式"，检察长王宪邦做重要讲话，院领导为 7 名人民监督员颁发了聘书。

2005 年

2 月 3 日，召开"东辽县人民检察院开展保持共产党员先进性教育活动动员大会"，县委常委、政法委书记、县督导组组长贾丹凤到会并讲话，检察长王宪邦作动员报告。

3 月 15 日，东辽县十四届人大常委会第十四次会议决定任命：郭静波同志为东辽县人民检察院代理检察长，接受王宪邦同志辞去东辽县人民检察院检察长职务。

10 月 29 日，举行新办公楼落成暨搬迁仪式。

11 月 28 日，东辽县第十四届人民代表大会第四次会议，选举郭静波同志为东辽县人民检察院检察长。

2006 年

3 月 23 日，印发《实施加强法律监督能力建设，为东辽构建和谐社会服务的若干意见》。

5 月 26 日，印发《关于履行检察职能，服务东辽新农村建设的若干意见》。

12 月 20 日，市检察院在我院召开"社会主义法制理念教育活动现场会"，省院、市院、县人大、县政协、县委政法委、县直机关党工委、各县区检察院检察长、政治处主任等领导出席会议，检察长郭静波作经验介绍。

2007 年

3 月 30 日，举行"东辽县人民检察院与吉林师大政法学院共建教学实践基地签字揭牌仪式"，吉林师大政法学院院长兰秀良、副院长郭红及部分师生、市院纪检组长陈艳、县委常委、政法委书记贺诗俊、检察长郭静波及班子成员、中层干部出席签字仪式。

2008 年

7 月 17 日，召开"全国检察机关规范化管理体制第二批试点单位工作启动动员大会"，省院政治部主任李凤林、县委副书记杨建国、市院纪检组长陈艳出席并分别讲话、咨询专家张教授、县人大副主任吴青春、县政协副主席崔佩君、市院宣教处副处长董平、矫慧玲出席会议，检察长郭静波作动员报告，常务副检察长李国岩主持会议，副检察长齐立平宣读实施方案，班子成员和部分干警参加会议。

8月19日，召开"东辽县人民检察院规范化管理机制体系文件发布会"，省院政治部主任李瑞东、市院纪检组长陈艳出席并分别讲话，省院政治部副主任李凤林、处长魏军、县委副书记杨建国、县人大副主任吴青春等领导莅临会议，检察长郭静波宣读发布令，常务副检察长李国岩宣读高检院通知，副检察长赵海涛主持会议，班子成员及全体干警参加会议。

12月8日，东辽县人民检察院被省院授予2007——2008年度"先进人民检察院"和"十佳基层检察院"荣誉称号。

2009 年

2月1日，被最高人民检察院授予第三届"全国先进基层检察院"荣誉称号。

3月18日，召开"深入学习实践科学发展观活动动员大会"，县委指导组领导出席并讲话，检察长郭静波作动员报告，副检察长李国岩主持会议，副检察长赵海涛宣读领导小组名单，副检察长齐立平宣读活动方案，全体干警参加动员大会。

3月25日，印发《东辽县人民检察院关于为企业服务的若干意见》。

4月3日，举行"全国先进基层检察院揭牌仪式"，省院纪检组长王大军、市委常委、政法委书记任剑波、市院检察长王文生、副检察长陈艳、县委书记李贞和、副书记杨建国、县人大主任张玉珠、副主任吴青春、县政府副县长张立毅、县政协主席尤才、副主席崔佩君、县委政法委、县法制办、各县区检察院检察长、政治处主任等相关领导出席揭牌仪式，省院宣传处副处长张红宣读高检院决定，王大军、任剑波揭牌，市院检察长王文生主持仪式，李贞和作重要讲话，陈艳宣读向东辽院学习的决定，检察长郭静波做表态发言，全体干警参加仪式。

6月4日，召开"规范化管理体系试运行总结大会"，检察长郭静波作重要讲话，副检察长齐立平通报高检院审核验收情况，全体干警参加会议。

6与23日，"东辽县直机关党建工作现场会"在我院召开，县直机关党工委副书记李崇志出席会议并讲话，院党建工作经验作书面交流。

12月18日，检察长郭静波任主编的《和谐检察之旅》《IS09000族标准与人民检察院规范化管理》两部书稿，由中国检察出版社出版发行。

2010 年

6月23日，举行全体检察官集体宣誓仪式。

7月24日，高检院宣传部部长马丽莉、文化处副处长王昀到县院考察检察文化建设情况，马丽莉作重要讲话，省院政治部主任李瑞东、宣传处处长丛向东、省社科院法学研究所所长于晓光、市院政治部主任李军、宣传处处长门广茹、县委常委毕学东、县政协副主席崔佩君陪同考察，检察长郭静波汇报工作，院班子成员及部分中干参加汇报。

8月2日，发布《东辽县人民检察院检察文化宣言》。

9月26日，召开"2010年东辽县检察院检察文化活动月启动大会"，检察长郭静波作重要讲话，副检察长李国岩主持，全体干警参加会议。

11月15日，高检院在山东济宁召开"全国检察文化建设工作座谈会"，检察长郭静波在会上发言介绍经验。

2011 年

4 月 2 日，召开标准化建设动员大会，郭静波检察长作动员报告，李国岩副检察长主持会议，邹仁贵副检察长讲话，戴君副检察长宣读标准化建设方案。

7 月 3 日，院党组书记郭静波主持召开党组会，专题研究标准化建设工作，决定正式发布标准化建设指导手册，标准化建设进入实施阶段。

9 月 22 日，辽源市委党校"机关文化建设现场教学课"在我院会议室举行，我院做检察文化建设实践报告、多媒体播放专题片和检察歌曲。

10 月 20 日，省精神文明建设办公室张荣庆处长一行在市委宣传部副部长张相、东辽县委常委宣传部长张丹的陪同下来到我院，检查指导精神文明建设创建工作，对我院创建国家级文明单位工作进行考核验收。

11 月 2 日,辽源市委党校（行政学院）"教学科研基地授牌仪式"在我院举行，检察长郭静波代表十五家被授牌的单位表态发言。

11 月 22 日，召开"东辽县人民检察院标准化基层院建设验收动员大会"，检察长郭静波作重要讲话，副检察长邹仁贵主持会议，副检察长戴君部署迎检验收工作。

11 月 28 至 29 日,全国检察机关检察文化建设座谈会在河南省洛阳市召开，检察长郭静波代表我院在座谈会上介绍经验。

12 月 16 日，全国检察机关规范化管理机制试点工作经验交流会在安徽省蚌埠市召开，检察长郭静波参加会议并介绍经验。

12 月 20 日，我院被中央文明委授予"全国文明单位"荣誉称号。

12 月 21 日，省院标准化考核小组来到我院进行考核，我院最终获得了 960 分的高分。

2012 年

3 月 2 日，县公安局、检察院、法院、司法局四家单位就如何执行《社区矫正实施办法》，在我院召开联席会议。

4 月 20 日，检察文化电子杂志《文化风景线》正式出版。

6 月 8 日，召开东辽县检察官文学艺术联合会成立大会暨第一次会员代表大会。

6 月 19 日，在全国检察文化建设工作会议上，我院被授予全国检察文化建设示范院。

8 月 7 日，召开服务重大项目建设及小微企业对接座谈会，来自全县 10 个重大项目单位和 20 个小微企业的负责人与院领导对口服务的检察官进行了深度对接。

2013 年

1 月 24 日，中共东辽县委决定，高东民同志任县检察院党组书记，免去郭静波同志县检察院党组书记职务。

9 月 10 日，省、市精神文明办来我院，对我院荣获的全国文明单位进行复检。

12 月 29 日，东辽县第十六届人民代表大会第三次会议，选举高东民同志为东辽县人民检察院检察长。

2014 年

3 月 27 日，召开党的群众路线教育实践活动动员大会。院党组书记、检察长高东民作了动员讲话，县委教育实践活动第一督导组组长出席会议并作了重要讲话，全院 43 名党员及在编干警、事业、工勤人员共 83 人参加动员。

10 月 27 日，召开党的群众路线教育实践活动总结大会，检察长高东民作总结讲话，县委第一督导组领导出席并讲话。

后 记

　　《东辽县检察志》是由东辽县人民检察院党组研究决定编写。2011年10月，组成志书编纂委员会，抽调专人，多次去省院和县档案部门查阅、搜集资料。各科室，尤其是档案管理部门积极配合，提供了大量的第一手资料。编纂人员经过认真整理，于2014年底完成初稿。本志上下限时间为1984年至2014年。经过编纂委员会讨论、审查、修改，形成送审稿，并经由县地方志编委会审查通过，最终定稿。全书以序言为先导，共分24章37节，全书约22.5万字。

　　东辽县检察志在编写过程中，得到了省、市院、县档案局、方志办等单位鼎力相助和各级领导的大力支持。相关部门和同志为《东辽县检察志》的编修付出了艰辛劳动，在此一并表示诚挚的谢意。《东辽县检察志》是一项比较庞大的系统工程，加之编者水平有限，书中难免有疏漏和不足之处，敬请读者批评指正。

编　者

图书在版编目（CIP）数据

东辽县检察志/东辽县人民检察院编. —北京：中国检察出版社，2015.12
ISBN 978 - 7 - 5102 - 1485 - 1

Ⅰ.①东…　Ⅱ.①东…　Ⅲ.①检察机关－工作概况－东辽县－1984~2014
Ⅳ.①D926.32

中国版本图书馆 CIP 数据核字（2015）第 204288 号

东辽县检察志

东辽县人民检察院　编

出版发行：中国检察出版社
社　　址：北京市石景山区香山南路 111 号 （100144）
网　　址：中国检察出版社（www.zgjccbs.com）
编辑电话：(010)68650028
发行电话：(010)68650015　68650016　68650029
经　　销：新华书店
印　　刷：中煤涿州制图印刷厂北京分厂
开　　本：710 mm×1000 mm　16 开
印　　张：19 印张
字　　数：225 千字
版　　次：2015 年 12 月第一版　　2015 年 12 月第一次印刷
书　　号：ISBN 978 - 7 - 5102 - 1485 - 1
定　　价：98.00 元